AF355299

BELLY TORRES

MIL CAÍDAS ANTES DEL ÉXITO

Edición actualizada y ampliada

Descubre la armonía del éxito en tu vida y emprende sin límites

MIL CAÍDAS ANTES DEL ÉXITO
© Belly Torres, 2020

Contacto del autor:
Belytorres.3@gmail.com

Del editor:
Editado por Letra
de Carlos Eduardo Caguana Sucre
Av. Paseo la Castellana S/N Torre C dpto 702 – Santiago de Surco
Octubre 2020

contacto@letragrupoeditorial.com
www.letragrupoeditorial.com

Edición eBook

Hecho el Depósito Legal en la Biblioteca Nacional del Perú N°: 2020-05801
ISBN: 978-612-48242-9-6

© Prohibida la reproducción total o parcial de esta obra por cualquier medio, sin autorización expresa del autor.

ÍNDICE

BIENVENIDA

«Si aprendes a liderar tu vida, todo lo que construyas en tu camino será mucho más divertido»

Sea cual sea la razón por la que estás aquí, mi libro te dará la respuesta específica que necesitas para crear las bases de tu propósito, romper creencias, descubrir tu verdadero potencial y construir la vida que siempre has deseado. Te compartiré temas como apalancarte en tu propia experiencia, cómo crear objetivos inteligentes, conectar con tus valores para tomar decisiones alineadas con metas congruentes y vivir la vida a tu manera. Así que comencemos juntas este emocionante e increíble viaje.

Hace unos años, me sentía avergonzada de mi vida por haber abandonado mi carrera universitaria, por no tener apoyo y, sobre todo, por rebelarme contra «la única manera decente» de lograr algo en la vida. Vivía con culpa porque sentía que había fallado, no solo a mi familia, sino al mundo.

No fue fácil caminar contra corriente, pero era más doloroso conformarme con una vida que me quitaba la vida. Hasta que fui consciente de que solo me había fallado a mí misma.

Me hice la promesa de encontrar mi propio camino, uno que no solo me diera la libertad de disfrutar en abundancia, sino que, sobre todo, tuviera impacto en otros.

Después de descubrirlo, mi mayor sueño era gritarlo al mundo, decirles que es absolutamente posible —y, a mi parecer, necesario— vivir a *tu* manera y alcanzar el éxito haciendo lo que amas.

Gracias por ser parte de este camino. Gracias a la rebeldía que un día me obligó a dejar de conformarme para, hoy, vivir como soñé.

Espero que este libro te ayude a ir por tus sueños. No estás loca por soñar diferente; es más, si no te dicen que tus sueños son locos, es porque no estás soñando lo suficientemente grande.

¡Nunca me cansaré de decir que vivimos en la mejor y más glamurosa época de la historia para ser mujeres viviendo con propósito!

Ayer me criticaron.

Hoy me preguntan cómo lo logré.

No permitas que mentes pequeñas te hagan soñar pequeño.

En el momento en que encuentras ese don único, irrepetible, que solo tú puedes dar al mundo, y usas una estrategia para entregarlo adecuadamente, la abundancia viene a ti, la libertad viene a ti, la riqueza viene a ti.

Por eso decidí escribir este libro como una guía de herramientas con claves poderosas para lograr resultados. Nunca más te sientas sola, nunca más quieras renunciar a tus metas, nunca más digas «no puedo», nunca más digas «no tengo» o «no hay». Pero, sobre todo, nunca más sientas que tu vida no tiene sentido, que dependes de alguien para salir adelante o que tus problemas no tienen solución.

Con amor,
Bely

DEDICATORIA

Sin pensarlo, a Dios, el ser número uno, por estar siempre en mi vida en todo momento, por no dejarme rendir y por haber puesto en mi camino ángeles.

A mi esposo, Julio: amigo, socio, quien, con su amor, paciencia, sabiduría y sus ganas de seguir superándose se convirtió en un ejemplo viviente para jamás rendirme, a pesar de las caídas que vivimos.

A mi hijo, Jared: mi fortaleza e inspiración. Gracias por hacerme parte de esta aventura como madre, una faceta totalmente nueva y un gran reto que me hace revivir mis sueños.

A mis padres, Laín y Elvina: gracias por la vida que me dieron. Hoy entiendo que todo lo que vivimos tuvo un propósito.

A mis hermanos, Llerly, Siuler y Lley: los mejores hermanos que Dios me pudo haber regalado.

A mi madrina, Amalia: por su apoyo incondicional.

A mis amigos, Benjamín y Estefany: a pesar de la distancia, nunca olvidaré que, cuando me sentía en un momento gris, ahí estuvieron, desde antes y después de que naciera mi hijo. Aunque hoy nuestras vidas tomaron rumbos diferentes, pero para bien, mi gratitud siempre estará con ustedes.

Por último, gracias a ti, mujer soñadora, que sientes que tienes muchos sueños, pero no avanzas, que tus sueños se frustran, que tu vida no tiene sentido, y a pesar de todo sigues soñando en grande. No apagues la luz de tu alma. Hoy te puedo decir que sí se puede ser feliz después de mil caídas en la vida.

NOTA AL LECTOR

Querido lector/a:

Este libro está pensado para ustedes y para mi hijo, quien quiero que comprenda que venimos a este mundo a cumplir una misión, a vivir en abundancia y prosperidad. De corazón, te digo que cada consejo aquí compartido está diseñado para ayudarte a conectar con esa versión de ti misma que ya llevas dentro.

A través de estas líneas, quiero compartir no solo mi experiencia personal, sino también las herramientas que me han ayudado a sobresalir en mi vida como madre, esposa y en los ámbitos personal y profesional. El día en que conocí el crecimiento personal, se abrió una puerta que me llevó a obsesionarme con invertir en mí misma. Gracias a ello, he logrado salir de la bancarrota emocional, espiritual y financiera, además de superar una crisis matrimonial. Hoy quiero que me permitas inspirarte a ti también y mostrarte, a través de mi experiencia, que cuando aprendes a liderarte a ti misma, tu vida se vuelve más divertida.

Al abrir este libro, te abres a un viaje íntimo por mi propia historia: un camino lleno de tropiezos, dudas y momentos en los que creí que el éxito estaba fuera de mi alcance. Sin embargo, detrás de cada reto encontré la fuerza para levantarme y descubrir mi verdadero propósito.

Comparto las lecciones que aprendí en el camino para que tú también puedas crear las bases de una vida plena y significativa. Recuerda que el éxito no es un destino, sino un proceso, y que, a pesar de las caídas, siempre hay una oportunidad para volver a empezar.

Si estás lista y dispuesta al cambio, recuerda: nada va a cambiar hasta que tú digas «¡Basta! Hasta aquí este estado mental de mediocridad. Hasta aquí mi estado de pobreza y escasez. ¡Basta!». Hoy derrumbo y derroto estos pensamientos que me quebrantan. Hoy pongo un límite.

MI PASADO

Detrás de toda mujer fuerte e independiente está una pequeña niña que tuvo que pararse por sí sola sin depender de nadie.
–Bely Torres

Quiero darte las gracias por estar leyendo este libro. En tus manos tienes una guía para descubrir, en primer lugar, la armonía del éxito en tu vida, para que puedas emprender sin límites y aprender a disfrutar tu camino con propósito y felicidad.

Antes de comenzar, siento que es importante que sepas quién soy.

Nací en la selva peruana, en uno de los departamentos con mayor belleza natural: San Martín, específicamente en la provincia de Bellavista, en mi amado distrito de San Rafael, a solo una hora de Tarapoto, Perú.

Por muchos años me pregunté por qué mi madre se fue de casa. No tener respuestas me llevó a cargar con mucha tristeza y dolor en mi vida. Hoy honro tu proceso, madre, y agradezco en quién me he convertido.

Soy la segunda de cinco hermanos. A los 11 años, el destino dio un giro a mi vida: a esa edad conocí lo que significa trabajar, sembrando arroz. Pero también viví momentos hermosos, como descubrir mi amor por el deporte. Eso sí, estudiar no era mi fuerte, aunque siempre daba lo mejor de mí.

Cuatro años después, todos esos momentos quedaron atrás. Recuerdo cuando mi padre me celebró mis 15 años con una fiesta sorpresa, y al día siguiente me dijo que debía irme porque en nuestra tierra no tenía futuro. En ese momento no comprendía; pensaba que era un castigo alejarme de él. Sin embargo, con los años entendí su decisión. Gracias, padre.

Emprendí un nuevo camino hacia la ciudad de Lima.

Mi hermana mayor vivía en la capital y encontró una familia donde podía quedarme para trabajar. Así fue como, a los 15 años, comencé a trabajar como niñera. Recuerdo el consejo que me dio mi padre: que no guardara rencor en mi corazón, que no olvidara a mis hermanos, que estuviéramos siempre unidos porque solo nos teníamos a nosotros, y que nunca me rindiera.

Mis hermanos han aportado algo valioso a mi vida. A pesar de haber vivido separados, me siento orgullosa de ellos. Yo, desde los 15 años, he trabajado. Aunque por mi edad no fue fácil, siempre seguí adelante.

Después de un año en Lima, decidí renunciar a mi empleo de niñera. La familia, por ser menor de edad, quiso devolverme a la selva, pero les dije que no había vuelta atrás. Fui en busca de mi madrina Amalia, quien me abrió las puertas de su hogar. Mi tío Juan fue un pilar importante en mi vida: me inculcó la importancia de estudiar. Me decía que, al terminar el colegio, postulase a la Marina, pero yo le respondía que mi sueño era ser modelo. Siempre discutíamos sobre ese tema, hasta que tuve que dejar atrás esa decisión.

Al año siguiente, cuando estaba por terminar el colegio, mi tío falleció. Su partida dejó un vacío enorme en mi corazón. A los 17 años, tuve que tomar mis propias decisiones y seguir lo que mi corazón me indicaba.

El destino me llevó por diferentes caminos. Trabajé como recepcionista, secretaria y anfitriona; hice de todo para sobrevivir. En ese entonces, la computación estaba de moda, así que ahorré para pagar una academia de modelaje.

Durante siete años, mis hermanos menores y yo vivimos separados en diferentes familias. A los 23 años, tomé la decisión de reunirnos y vivir juntos en Lima. Fue un cambio total, ya que veníamos de distintas crianzas y creencias, pero, sobre todo, cargábamos con mucho dolor. Sé que ellos aún siguen luchando, pero me siento bendecida de tenerlos en mi vida.

Cuando inicié este viaje, no tenía idea de cuál era mi propósito. Tenía un llamado a ayudar, pero no saber dónde enfocarme me mantenía ocupada y poco efectiva. Esa era yo: quería muchas cosas y me ilusionaba rápido.

Hoy, si ya pasaste los 30 años, eres más consciente de los aprendizajes del pasado. Si estás lista y dispuesta al cambio, recuerda: nada va a cambiar hasta que tú digas basta.

Conforme avancemos, te contaré más de mí. Te compartiré mis enseñanzas y las herramientas que formaron mi carácter. Te hablaré de cuántas veces me caí y me levanté de emociones negativas porque, precisamente, ahí están los aprendizajes que necesitamos descubrir.

CAPÍTULO

1

MIL CAÍDAS ANTES DEL ÉXITO Y CÓMO ME LEVANTÉ

¿Mil caídas? Exacto. Ese es el número de veces que me levanté, aprendí y crecí. En este libro te comparto mi historia, no solo para que te veas reflejada, sino para que te inspires a convertir tus propias caídas en trampolines hacia el éxito. Porque sí, ¡a cualquier edad es posible reinventarse y alcanzar la felicidad que mereces!

Tengo la confianza y la certeza total de que la información en este libro, puesta en acción, cambiará primero tu vida, porque si tú creces y sanas, tu familia también lo hará. Al igual que cambió la mía y la de mi familia. Mi deseo es que aprendas las bases que te darán el impulso que hoy sientes que te falta para crecer como persona, como madre, esposa y profesional.

Mientras escribo este capítulo, hoy, 6 de marzo de 2020, en cuatro paredes, respiro hondo y dejo fluir este momento de crisis mundial que estamos viviendo, una crisis que está afectando emocional, económica y espiritualmente a las familias en todo el mundo. Estoy atravesando un desafío existencial y, más importante aún, mi sentido de seguridad. Sin embargo, en medio de esta tormenta, quiero compartir contigo una fuerza interior que nunca antes había conocido. Decidí que no me rendiría y que convertiría este dolor en un propósito.

En estas páginas quiero compartir contigo mi experiencia: cómo los miedos, la falta de un objetivo y valores claros en la vida, así como hacer las cosas sin rumbo, me llevaron a cruzar al otro lado. Un lado al que muchos les cuesta entrar y que llaman «emprendimiento». Fue ahí donde escuché por primera vez sobre educación financiera, inteligencia emocional, objetivos SMART, jerarquía de valores y desarrollo personal. Estos conceptos me ayudaron a reconstruir mi vida antes de esta crisis, y hoy siento un nivel de gratitud inmenso hacia Dios y mi familia.

Hace unos días regresaba de mi primer viaje de la ciudad de Pucallpa, donde brindé mi primera conferencia. No tenía idea de que, al llegar a casa, recibiría la noticia de que Perú entraba en emergencia. Me bloqueé por un momento. Las voces en mi cabeza me decían: «¿Y ahora qué?», justo cuando sentía que estaba disfrutando por primera vez en mi vida ese llamado de ayudar e inspirar a mujeres con mi mensaje: «Sin propósito no hay victoria».

Después de varias noches pensando y soñando despierta, hoy me reinvento en estas páginas para hacer este viaje juntas. Me imaginaré tomando un café contigo y te contaré cómo logré salir adelante, construir un hogar en armonía y aprender a hacerme responsable de mi propia vida. Aprendí a dejar de darlo todo por los demás y priorizarme, entendiendo la mente y el alma del ser humano. Hoy sigo esa voz que me dice: «¡Naciste para más!».

Pero ¿sabes algo? No siempre fue así…

¿Alguna vez te has sentido abrumada por los desafíos de la vida? ¿Has pensado que tus sueños eran inalcanzables? Yo también. Pero descubrí que en cada caída hay una oportunidad de crecer y transformarnos.

Todos, en algún momento de nuestra vida, enfrentamos obstáculos que parecen insuperables. Pero ¿qué pasaría si te dijera que esas mismas dificultades pueden ser la clave para desbloquear tu potencial?

Durante mucho tiempo me pregunté cuál era mi lugar en este mundo. *¿Quién era yo?* Como muchas personas, me vi atrapada en una vida que no era mía, estudiando carreras que no me apasionaban y siguiendo caminos que otros habían trazado para mí.

Aunque la separación familiar y los problemas matrimoniales pueden parecer insuperables, al final del túnel siempre hay una luz. Miles de personas han logrado reconstruir sus vidas y encontrar la felicidad nuevamente. ¿Por qué tú no?

La decisión de buscar ayuda es un acto de valentía. Tú tienes el poder de sanar tus heridas y crear un futuro más feliz.

A los 26 años leí el primer libro que realmente me sacudió hasta los cimientos. Fue «Padre rico, padre pobre», de Robert Kiyosaki. Sus palabras resonaron en mi interior con una fuerza inigualable, despertando en mí una sed de conocimiento y un anhelo de libertad que me impulsaron a dar el salto hacia el emprendimiento.

También, en este camino, me sumergí en las páginas de «Despertando al gigante interior» y «Poder sin límites», de Tony Robbins, y en la biografía de Lady Gaga y Maya Angelou, Ophra Winfrey, Jlo . Descubrí cómo el dolor puede ser el catalizador más poderoso para el crecimiento. Al igual que ellos, yo también cargaba con las cicatrices de un pasado complejo. Sin embargo, al confrontar mis experiencias, comprendí que esos momentos difíciles habían forjado mi carácter y me habían impulsado a buscar un futuro mejor.

Todo ello me llevó a recordar mis 11 años. Puede sonar frío lo que voy a decir, pero escuchar las historias de otras personas me ayudó a dejar de hacerme la víctima. Me di cuenta de que, si mi madre no se hubiera ido de casa, tal vez nunca habría salido de mi pueblo. Éramos una familia muy unida, pero el detonante que destruyó esa armonía familiar fueron personas que vivían la misma experiencia. Como dice Vishen Lakhiani, creador de Mindvalley: «Las personas que sufren causan dolor».

Así que siempre en este camino solo hay dos opciones: elegir el camino fácil o elegir el camino de los aprendizajes y usarlos a nuestro favor. Durante muchos años viví en el afán de hacer las cosas rápido, de cumplir sueños rápido, de querer una carrera rápida, de vivir una vida acelerada como si el mañana no existiera.

Te invito a que tú también te atrevas a ser vulnerable y encuentres la belleza en tus imperfecciones, limpiando tu casa interior: liberándote, sanando y perdonando a tu niña o niño interior. Así lo entendí yo.

¿Por qué *Mil caídas*?

Sin importar quién eres, dónde naciste o de dónde vienes, las circunstancias que vives te ofrecen la oportunidad de volver a comenzar y ser feliz, pero no será un camino fácil.

Muchos nacen con sus estrellas, otros estrellados. Yo no era una de ellas, pero todo cambió cuando decidí apostar por mí, ser mi propia socia. Así creé a esta mujer, conecté con mi estrella y me convertí en la protagonista de mi propia historia.

> *Hoy abrazo mi pasado,*
> *honro mi vida,*
> *admiro el éxito de otros.*

Aplaudir el éxito ajeno fue la llave para decirle al universo: «Estoy lista. Muéstrame el camino. Prometo no volver a desistir». Si tengo que mirar atrás, solo será para ver todo lo que he avanzado.

Una decisión puede cambiar tu vida por completo. Así lo aprendí cuando, al borde de la bancarrota y con un hijo pequeño, decidí tomar las riendas de mi destino. Comprendí que tenía el poder de escribir mi propia historia. Hoy quiero compartir contigo las herramientas y la mentalidad que me permitieron salir adelante y construir la vida que siempre soñé.

Hoy te invito a que tomes la responsabilidad de tu vida, de tus sueños, y no esperes que nadie te ponga un escenario: créate uno propio. Es así como nacen los líderes.

Tu propia historia será el punto de inflexión para que aprendas a crear tu propio escenario, desde tu autenticidad, con tu propia personalidad, mostrándole al mundo aquello que te diferencia.

No estarás libre de muros, piedras e incluso montañas en el camino. Quizás seas criticado, envidiado, poco comprendido. Es posible que quieras abandonar varias veces durante el proceso, pero puedo prometerte que, si lo haces, la ganancia será comparable con el paraíso.

Tú eres el resultado del trabajo de cada uno de tus sueños. Este libro pretende desafiarte a que despidas a tus jefes del «fracaso» y pongas a trabajar a tiempo completo al «triunfo», la vida que mereces.

¿Cuál es la vida que te mereces?

Lograr tus sueños depende únicamente de ti, porque en las caídas es donde realmente encuentras las respuestas para tomar el siguiente paso. Sin embargo, repetir las mismas caídas... eso sí es un problema.

¿Qué es tener éxito?

Primero, nada sucede de la noche a la mañana. Todo lleva su tiempo. No hay éxito sin esfuerzo, sin acción, sin convicción. Vas a necesitar sacrificar horas de sueño y dejar atrás lo que hasta ahora creías que era tu forma de pensar.
¿Crees que necesitas trabajar duro para tener éxito, como la mayoría de las personas? Probablemente tu respuesta sea que sí. Después de todo, así nos educaron: «Estudia para que seas alguien en la vida, para que tengas un trabajo seguro», entre otras cosas que siempre me dijeron.

El problema es que, cuando crees en esto, comienzas a perderte en la rutina. Empiezas a asociar el éxito con el dolor y la lucha; empiezas a asociarlo con olvidarte de ti misma y de las personas que amas. Pero ¿qué pasa si no necesitas sufrir para tener éxito? ¿No sería eso mucho más sostenible?

Las cosas materiales son importantes, pero el éxito va más allá de ellas, del carro, de la casa de tus sueños, de viajar por el mundo. El éxito es sentirse feliz y tener la libertad de vivir la vida en tus propios términos, tener un trabajo que amas hacer y, sobre todo, que brinde la posibilidad de que otros también puedan hacerlo.

Como se dice: «Uno encuentra lo que busca». Sin embargo, si no sabemos definir lo que es el éxito para nosotros —en palabras y sentirlo (mente y cuerpo)—, nuestra mente inconsciente no tendrá dirección. Por tanto, nos alejará del estado de éxito utilizando emociones como miedo, tristeza, cólera, frustración, etc.

Así llegué a esa conexión: antes de las cosas materiales, primero debo sentirme exitosa mentalmente, verme, sentirme y escucharme, sabiendo que puedo lograr lo que me merezco. Por ejemplo:

- Para una persona enferma, el éxito consistirá en sanarse.
- Para un *coach*, ayudar a otros a vencer sus limitaciones.
- Para un conferencista, el éxito será hablar en público.

En mi caso, el éxito fue sanar y consolidar mi hogar.

Así que no se trata solo de dinero ni de reconocimiento: eso es consecuencia del proceso y de las acciones que tomes.

Por lo tanto, tener una definición específica de éxito dependerá de cada uno de nosotros. Así, nuestra mente no nos alejará del estado de éxito, incluso si sentimos miedo e incertidumbre.

¿Qué es el éxito para ti?

Define tu propia idea de éxito, con tus propias palabras:

Recuerda: no hay respuesta incorrecta. Todos somos únicos y diferentes.

¿Por qué este libro?

Vishen Lakhiani dice: «Sueña en grande y tus problemas se volverán pequeños».

Por primera vez puedo ver con claridad lo que hay más allá de mis creencias. Entiendo mi propósito y sé que nací para ganar, que fuimos creadas por amor, no por casualidad. Venimos a este mundo a cumplir una misión, no solo una profesión.

Durante tres décadas, me aferré a las sombras de mi pasado, creyendo que me definían. Pero la vida me enseñó una valiosa lección: nuestro pasado, aunque doloroso, es solo una parte de nuestra historia. Aprendiendo a abrazar mis heridas y perdonarme a mí misma, encontré la libertad de vivir plenamente en el presente.

¿Cuántas veces hemos dejado de disfrutar el presente por aferrarnos a los errores del pasado? Yo también lo hice durante muchos años. Pero al comprender que nuestra historia es parte de lo que nos hace únicos, pude conectar con la grandeza y la paz interior.

Le pedí a Dios tener una familia, tiempo, recursos y, sobre todo, la sabiduría para poder disfrutarla. Y, si no llegaba con sabiduría, pedí tener un corazón humilde para aprender a hacerlo. Durante todo ese tiempo, siempre estuvo presente en mí el siguiente mantra:

«Pide, y se te dará; busca, y encontrarás; llama, y se te abrirá. Porque todo aquel que pide, recibe; y el que busca, encuentra; y al que llama, se le abrirá. Pues todo lo que pidas en oración, creyendo, lo recibirás». (*Mateo 7:7*)

Hoy les puedo decir que todo mi pasado fue perfecto.

Todos llevamos dentro una brújula que nos guía hacia nuestros sueños. A veces, el ruido del mundo nos impide escucharla. Mi viaje comenzó cuando decidí apagar las voces del mundo exterior y escuchar mi voz interior. Fue entonces cuando comprendí que tenía la capacidad de superar cualquier obstáculo y alcanzar mis metas.

Lograrlo no fue un milagro divino, ni el resultado de varios decretos, afirmaciones o mantras. No fue suerte, habilidades escondidas ni talentos sobrenaturales. Nació con una decisión, una simple y osada decisión de pedirle más a la vida, una decisión a la que todos tenemos acceso.

Esa pasión, esa sed innegociable de significado y libertad, es la que te hará sobrellevar tu caminata hacia la vida que mereces. Cuando sientas que has arrancado las puertas necesarias y llegues al otro lado, te darás cuenta de que el esfuerzo fue mínimo en comparación con la recompensa. Y, sobre todo, que en el camino te has convertido en la persona de la que te sientas orgullosa.

Si tienes un sueño, no te rindas ni lo abandones. Dios siempre cumple sus promesas. Pero recuerda: Dios ayuda a quienes se ayudan a sí mismos. Hoy te invito a tomar las riendas de tu vida. La decisión de levantarte después de cada caída es el primer paso hacia tus sueños. No esperes a que la suerte llame a tu puerta: créala tú misma. Con determinación, pasión y un poco de fe, puedes lograr todo lo que te propongas.

Aquí es donde empiezo a contarte que, en la búsqueda incansable de algo diferente, me sumergí en libros, entrenamientos y terapias. Fue allí donde encontré un tesoro oculto: *mi propósito*. Al desenterrar las creencias limitantes que me habían mantenido estancada, pude conectar con una fuerza interior que me impulsó a crear y vivir una vida más consciente.

Te mereces lo mejor. No te conformes con menos.

El éxito y la felicidad dependen solo de ti.

Una decisión que cambió mi vida

«Los tiempos de Dios son perfectos; todo en la vida tiene un propósito» (B. T.).

Todo lo que Dios te quita es para traerte algo mejor.

Antes de conocer a mi futuro príncipe azul, siempre le pedí a Dios que me hiciera conocer a una persona que fuera soñadora como yo, que creciéramos juntos, que tuviera metas y que no solo pensara en los fines de semana, porque es en lo que viví por muchos años y no logré nada. También, antes de conocer este mundo del desarrollo personal, no tenía ni idea de qué era la ley de la atracción o la manifestación; sin embargo, inconscientemente, con ese deseo del corazón, después de vivir tantas experiencias, uno va aprendiendo cómo realmente quiere vivir y cómo realmente quiere sentirse.

Un poco por la presión familiar y en la búsqueda de algo más, en el 2013 comencé a estudiar mi carrera como tripulante de cabina. En ese momento, creía que una carrera iba a darme libertad y seguridad financiera, o eso es lo que me decía todo el mundo.

Unos años después, conocí a una persona que me invitó a las redes de mercadeo. Una red de mercadeo me llevó a otra, y ese camino para vender un perfume me llevó a conocer a mi hoy socio y esposo. En 2015 me casé apresuradamente y decidí apostar todo a mi matrimonio. A los pocos meses ya venía en camino mi hijo, así que invertimos todo lo que teníamos en un negocio que resultó ser una estafa y lo perdimos todo —

lección aprendida—. No fue fácil comenzar de nuevo desde cero. En 2017 me sentía quebrada emocional, espiritual y financieramente, con un hijo y un matrimonio en bancarrota. Cada lunes arrastraba mi alma y la insertaba en una rutina en la que me quejaba de mi vida y sin libertad… Hasta que un día… Tomé un sorbo de valentía y me hice la promesa de que nunca me iba a resignar a una vida común y corriente a la que «tenga» que acostumbrarme, con la que tenga que conformarme.

Después de dos años de terapia, entrenamientos, invertir en mentores y asistir a conferencias, comencé a sentir la transformación interna, a recuperar mi matrimonio. Al comenzar a trabajar en mí, me di cuenta de que en ese momento estaba a punto de repetir la misma historia de mis padres: abandonar mi hogar. Decidí recuperar mi matrimonio y comencé a construir un hogar, como dice el gran David O. McKay: «Ningún éxito en la vida puede compensar el fracaso del hogar». Si me hubiera contado a mí misma que la historia que inició conmigo es la vida que me tocó —no se puede tener todo en la vida—, terminaría en vivir con esta vida en pareja y sin sentido de propósito que tengo hoy, habría pensado que soy una completa ilusa por pensarlo.

Recuerdo con claridad el día en que me di cuenta de que mi relación se estaba desmoronando. La falta de comunicación. Durante dos largos años, me sumergí en un mar de culpa y confusión, intentando entender qué había salido mal. En ese proceso, perdí una parte de mí misma. Cambié mis gustos, mis amistades, todo con tal de mantener la relación a flote. Pero la verdad es que estaba ahogándome en una relación que ya no me hacía feliz, sentía que no tenía mi espacio… por celoso.

¡Atención! Casarse no significa renunciar a tus sueños o perder tu identidad. Al encontrar a tu complemento en la vida, es posible construir una relación basada en el respeto mutuo y el apoyo al crecimiento individual. No se trata de tener un dueño, sino de encontrar a alguien que te inspire a ser la mejor versión de ti misma.

El matrimonio debe ser una experiencia enriquecedora para ambas personas, basada en el amor, el respeto y la igualdad. Es fundamental que cada persona mantenga su identidad y tenga la libertad de desarrollarse personal y profesionalmente.

Lección 1: La vida en pareja no tiene que ser complicada siempre; sin embargo, cuando no tienes claros tus objetivos y valores, se hace complicada.

Hoy entiendo que, aunque el inicio fue durísimo, hoy lo abrazo y lo agradezco porque, gracias a eso, desperté. Gracias a un matrimonio fue donde me dije a mí misma que yo no nací para esto. Reconozco algo que, a pesar de que ambos estábamos sufriendo, él nunca desistió como padre, nunca cruzó los brazos. Habían días que no teníamos ni para el pañal, ni la leche de mi hijo, ni para la comida; él siempre buscaba la solución, y eso es algo que rescato: su perseverancia, su gran corazón, sus ganas de que, cuando quiere algo, no se rinde. Y creo que eso fue el inicio que conectó conmigo cuando lo conocí: sus sueños, su madurez. Él es un vivo ejemplo en mi vida para no rendirme. Muchas veces buscamos a una persona que piense igual que uno, pero se trata de respetar nuestras decisiones. Yo pensaba que él y yo éramos como el agua y el aceite, pero su valentía, su fortaleza, era lo que a mí me faltaba. Yo era de las personas que, si algo no me salía bien, me rendía; que si algo me iba mal, lo dejaba, no luchaba. Y en ese momento no entendía lo que pasaba, me frustraba. Pero Dios tiene planes para nosotros. No soy religiosa, pero creo en un Dios, creo en un universo con mucha fe. Siempre le pedí a Dios salir de esta situación, y hoy me siento increíblemente bendecida. Admiro mi cambio, me veo en el espejo y me admiro a mí misma. ¿Qué te quiero decir con esto? Que nunca esperes lo perfecto, que todo comienza por ti, y es así como entendí que, si tú aprendes a liderar primero tu vida, todo lo que quieras construir en el camino va a ser mucho más sostenible. Por años he buscado las cosas fáciles, pero aprendí a tener paciencia, a sembrar, y en este camino todo tiene un propósito. Este camino, que todo lo que me pasó en mi infancia también era por un propósito, y que todo lo que pasó en mi juventud —la vida loca, el libertinaje, los fines de semana, una vida sin sentido— era parte de este camino de siembra para darme cuenta que, al final de la meta, me estaba esperando algo grande.

Entendí cinco cosas que te quiero compartir de corazón:

1. Lo que Dios une, nadie lo separa. Dios tenía un plan para mí en este matrimonio: enseñarme que los errores de tus padres no tienes por qué repetirlos.
2. Que mi felicidad no depende de mi pareja, ni su felicidad de mí.
3. Que el matrimonio no es el problema; como seres humanos, somos un laboratorio existencial, somos imperfectos, y solo depende de cada uno de nosotros hacer que las cosas pasen en tu vida.
4. Conocer tus valores te alineará a moverte en congruencia, a tomar mejores decisiones en base a amor, confianza y comunicación.
5. Lo que siembras, cosechas.

Por esta razón, le hice una promesa a Dios. Le dije que, si me daba la oportunidad de salir adelante, la fuerza y la sabiduría para levantar a mi familia, le daría toda la honra y la gloria, y me encargaría de ayudar a otras mujeres. Así nació el deseo de crear talleres y conferencias para llevar el empoderamiento. En 2019 no sabía muchas cosas, solo que era necesario elegir. Decidí que, si quería cambiar mi situación económica, tenía que cambiar mi actitud, buscar ayuda de un mentor o coach, aprender a organizarme, conocer mis fortalezas y lo que me apasiona.

Muchas personas cuentan la historia de que tienen carácter fuerte, pero al escuchar un video de Yokoi Kenji, entendí que no era mi carácter. Simplemente no tenía el control de mi carácter y quería ganar enojándome, quería ganar haciéndome la víctima. Creo que ese es el peor error que podemos cometer. Pensamos que hacemos un bien, pero al final salimos más perjudicados.

«Si buscas resultados diferentes, no hagas siempre lo mismo»
(Einstein, s. f.).

Deja de vivir con limitaciones y vive como te mereces. El éxito y la abundancia son para todos; por derecho divino nos corresponden. Solo tienes que dar ese primer paso con fe.

Todos nosotros actuamos y nos comportamos según fuimos educados. La familia juega un papel muy importante: tus raíces, educación, costumbres, talentos, creatividad y personalidad forman un patrón, y tú buscarás algo similar en tu propia vida en pareja. Yo tuve un gran ejemplo con mis padres y entiendo que cada matrimonio es diferente. Solo quiero compartirte de dónde viene mi manera de pensar.

Desde hace un año, llevo mi vida bajo esos principios de éxito. Yo no puedo hacer feliz a mi pareja, mi felicidad no depende de él. No puedo hacerlo feliz si antes no busco mi felicidad en todo lo que hago y soy.

Cinco reglas de oro para llevar un buen matrimonio

1. No escapen de la discusión.
2. Escuchen.
3. No ofendan.
4. Confíen.
5. Su fin es la felicidad.

Tres reglas poderosas para conquistar a tu pareja

1. Comunicación.
2. Respeto.
3. Alinea tus valores a un mismo objetivo.

No puedes construir y mantener una relación sin comunicación y respeto. La comunicación permitirá que tú y él sigan en el mismo camino y aprendan uno del otro. La confianza y el respeto serán el ancla para que crezcan al pasar por situaciones complejas y difíciles.

En el objetivo están tus metas. Si en las metas solo son prioridad las de él, entonces ten cuidado. He visto muchas mujeres caer en lo más bajo por solo estar detrás de los sueños de su pareja. Construir en pareja es construir un legado. Lo que quieras que venga de afuera, sácalo de adentro. Yo no soy perfecta, pero puedes estar segura de que todos los días voy a trabajar para aprender y agregarle valor a mí misma.

¿Cómo llevar tu negocio en pareja?

- Compartan la visión.
- Creen metas juntos.
- Hablen de finanzas juntos.
- No solo gasten, sino construyan juntos.

Hazte las siguientes preguntas:

- ¿Te valora o te critica?
- ¿Es alguien que te inspira o te frena?
- ¿Te ayuda o te detiene?
- ¿Es un motor o un ancla en tu vida?

Las respuestas que diste determinarán si tu negocio emprenderá o se estancará. No olvides que debes actuar para lograrlo.

Nuevas reglas para parejas emprendedoras

«Si alguien va a disfrutar de mi éxito, tiene que haberme apoyado durante mi fracaso».

«Si estuvo conflictivo cuando no tenías nada, merece estar ahí cuando lo tengas todo» (Desconocido, s. f.).

Cada vez que conozco mujeres que me preguntan cómo lo hice para construir una relación de confianza después de muchos desafíos en mi relación, les comparto los principios que aprendí a poner en práctica y que también comparto en mis conferencias. Estos me han ayudado a superar muchas montañas y, sobre todo, he aprendido a poner mi hogar y mis sueños en las manos de Dios.

1. La felicidad de él no depende de ti.
2. Si quieres avanzar, entonces deja de pelear. Haz una tregua, negocia. Si no funciona, regresa a tu estado y busca otra forma.
3. Brilla con luz propia.
4. Divide esfuerzos.
5. Enséñale a amarte: conoce su corazón y lenguaje de amor.
6. Conoce la misión de hacer negocios juntos. Recuerden que son un equipo.
7. Primero Dios, segundo mi pareja, tercero mi hijo, cuarto mi familia y quinto mis amigos.

Napoleon Hill dijo: «Muchas veces, nuestro mayor enemigo es tener a alguien mediocre de gran cuerpo y poco cerebro» (Hill, s. f.).

El enemigo invisible que sabotea tus sueños

¿Sientes que hay algo que te detiene, un muro invisible que te impide alcanzar tus metas? Descubre cuáles son las **5 creencias limitantes más comunes** que sabotean tus sueños y aprende cómo derribarlas para tomar acción hoy mismo.

En el 2018 leí en un artículo en internet que me hizo reflexionar sobre dos afirmaciones que, inconscientemente, tuvieron sentido al momento de leerlo y cómo miles de personas están matando sus sueños, no solo porque es un autoengaño, sino porque pueden convertirse en una mediocridad espiritual: «Todo pasa por algo» y «Que pase lo que tenga que pasar». Frases que tenemos impregnadas en nuestro día a día, en nuestra comunicación, en cada decisión y resultado que tenemos en nuestra vida. Siempre, al final, decimos esta frase: que las cosas pasan por algo.

Nuestras creencias son las que hacen la diferencia entre las personas que tienen éxito y las que no. Las creencias pueden limitarte o pueden potenciarte. ¿En cuál de las dos quieres estar tú?

Querido lector, quiero iniciar con esta historia de **Steve Jobs**. Cuando en el año 1985 la junta de Apple, liderada por John Sculley, se puso en contra de Steve Jobs por el proyecto Macintosh, provocando incluso el alejamiento de la compañía que él mismo fundó, si él hubiese dicho: «Bueno, pasó lo que tenía que pasar, mejor me conformo y espero que el universo me mande una señal», el mundo no sería lo que es hoy. Porque todos sabemos que el legado que dejó fue hecho a base de terquedad, locura y actitud para hacer que las cosas pasen, aunque parezca imposible. Él mismo hizo que las cosas pasen; no se sentó a esperar que el universo le enviara señales.

Otro ejemplo es el de **Martin Luther King**. Si en enero de 1956 él hubiera dicho: «Bueno, esta lucha es muy difícil, por algo será, mejor nos rendimos y esperamos a que pase lo que tenga que pasar», después de que supremacistas blancos atacaran su casa con bombas incendiarias, si tan solo hubiera justificado el racismo contra la comunidad afroamericana como una señal del universo, el 13 de noviembre de ese mismo año la Corte Suprema de Estados Unidos no habría considerado la segregación racial como ilegal.

Todas las personas que cambiaron el mundo de alguna forma nunca esperaron a que pase lo que tenga que pasar o que las cosas pasan por algo. Ellos simplemente hicieron que las cosas pasen en su vida. Se convirtieron en guionistas, directores y protagonistas de su propia historia. Si las cosas no salieron de un modo, lo tomaban como una señal, pero una señal de que debían hacerlo de otra manera. El fracaso solo simbolizaba la oportunidad de crear un nuevo camino a la cima. Gracias a esos locos perseguidores de lo imposible que hoy admiramos, el mundo ha evolucionado y hemos hecho historia como humanidad.

La mayoría de los obstáculos para encontrar la felicidad y el éxito generalmente son tus **creencias**

limitantes. Todas las creencias sobre tu potencial que no tienen ningún sustento fundamental, porque no están basadas en hechos reales, pero de todas formas las aceptaste y tu subconsciente las toma como algo verdadero.

Seguro te identificarás con algunas de ellas porque ya las has escuchado:

- «Todo me pasa a mí, no es justo».
- «Soy pobre pero feliz».
- «Nunca me voy a casar».
- «Nunca tendré hijos».
- «Mejor soltero que mal acompañado».
- «La vida es una sola».
- «Todos los hombres y mujeres son iguales».
- «Si tuviera más oportunidades, lo haría».
- «Soy tímido, no me atrevo a hacerlo».
- «Es que ella tiene suerte porque sus padres tienen dinero».

La clave para desbloquear todo nuestro potencial, que es infinito, es desafiar esas creencias limitantes y reemplazarlas con creencias poderosas que nos ayuden a mejorar.

En este camino de crecimiento y desarrollo personal, de asistir a diferentes actividades y conferencias, he ido identificando cinco creencias que me impedían tomar acción en este proceso. Puede que una de esas limitaciones la tengas impregnada en tu cabeza. Por muchos años he procrastinado; he iniciado algo y siempre lo he dejado a medias.

Le echamos la culpa a la suerte, a Dios, al gobierno y a todo el mundo, sin darnos cuenta de que, al no hacernos responsables de la situación y nuestra realidad, la vida simplemente va sucediendo sin ningún tipo de control, sin ningún tipo de beneficios. El subconsciente no distingue si algo es falso o cierto; simplemente lo asume como algo real.

No existe la tecla «borrar», como si escribieras en la computadora, tampoco la opción de editar un evento del pasado. La vida ocurre en tiempo real; no podemos retroceder para cambiar nada, pero sí podemos elegir la manera en que vemos o enfrentamos lo ocurrido. Nuestra actitud es un reflejo de nuestras creencias acerca del mundo, las cuales determinan cómo pensamos y apreciamos a los que nos rodean. Para mejorar la habilidad de pensar y vivir el mundo, es vital aprender a desarrollar creencias que nos sirvan en nuestro camino.

Puedes no tener título universitario y aún así ser exitosa. Puedes casarte a los 30 y seguir siendo hermosa. Puedes iniciar una familia después de los 30 y ser una orgullosa mamá.

¡No permitas que la sociedad te apure, ve a tu ritmo!

En este camino de abrir mi mente hacia nuevas ideas, ver a la mayoría de la gente levantarse cada mañana con miedos, atemorizada por su futuro incierto, porque siguen creyendo en la suerte y la mala suerte, que las cosas pasan por algo, y siguen siendo víctimas de las circunstancias. Cuando defiendes esas ideas que te hacen pobre y te enfocas en ellas, estás alimentando a la **escasez**.

Si llegaste hasta este capítulo, significa que en tu cabeza al menos una de estas cinco creencias que te voy a compartir en estas páginas está presente. Si bien puedo decirte cómo crear recursos, estrategias y herramientas, y también contarte todo lo que aprendí durante más de 10 años de ensayo y error, si tu mente está bloqueada, si tú no crees en tus capacidades y en que esto es posible, mis palabras no te servirán de nada.

Estas cinco creencias, querido lector, las descubrí en el proceso de autodescubrimiento. En este camino de socializar, de asistir a eventos y networking, conocí a personas con las mismas circunstancias que estaban viviendo, y fue el detonante para darme cuenta, o mejor dicho, para eliminar esa culpa que sentía de por qué todo lo que hacía en mi vida nada me iba bien. Y es así como, al conversar con personas, escuchaba decir: «Es que no tuve la oportunidad de estudiar una carrera porque no tuve el apoyo de mis padres, de mi pareja, porque no hay trabajo, que las circunstancias están difíciles y que tuve que abandonar mis estudios para ponerme a trabajar». Es así como me identificaba en esa creencia que estaba enraizada en mi día a día.

1. No tengo estudios

Antes pensaba que, mientras más cursos, certificaciones y títulos tuviera, iba a encajar mejor en la sociedad para cumplir mis sueños. Siempre me he considerado una aprendiz y enseñable. También siempre comparto que soy renunciante a un título; sin embargo, el renunciar no quiere decir que deje de estudiar… Hay maneras de seguir educándonos en esta era.

Nadie dice que tener un título, ir a una universidad o tener un máster es malo. Es importante si tu objetivo es trabajar para una empresa, pero en el caso de que desees emprender, debemos separar los grados académicos del aprendizaje al que me refiero. Lo que aprendí en este camino se basa en trabajar en tus recursos internos: tu fuerza, valores, fortaleza, tu pasión, tu empoderamiento, tu motivación, tu energía. Muchos confundimos los recursos: el tiempo y el dinero. Siempre nos estamos repitiendo: «No tengo tiempo, no tengo dinero», y ese es el primer obstáculo para no tomar acción.

2. No tengo tiempo

Todos tenemos 24 horas y 7 días a la semana. Y quizás te preguntarás: ¿Cómo es que esas otras personas que están allá afuera son exitosas, están llenas de energía, vitales, con amor, con abundancia, prósperas? ¿Cómo lo hacen? Si tienen las mismas horas que tengo yo, ¿cómo lo hacen? Porque tienen claridad en sus prioridades. Saben y son conscientes de que deben tomar acción, pero en consecuencia a esas prioridades. Porque aquí no se trata del balance en términos equitativos del tiempo; aquí se trata del balance en cuanto a tus objetivos, porque tus prioridades no son las mismas que las mías, ni las de tu pareja, ni las de tu mamá, ni las de tu vecina, ni las de tu tía. Todos tenemos circunstancias especiales en nuestra vida.

Y si tú anotas tus actividades desde que te levantas hasta que te acuestas, verás, al cabo de los 7 días, que al menos desperdicias entre cuatro y seis horas en cosas innecesarias, en cosas que de verdad no te traen resultados, que no te benefician y que no te aportan. Tienes que aprender a darle prioridad a lo que es prioridad, a lo que merece prioridad, y cómo lo puedes lograr.

3 preguntas poderosas que me repito:

1. ¿Qué te motiva?
2. ¿Cuáles son los obstáculos que tienes hoy?
3. ¿Cuál es el objetivo más importante que quieres lograr?

Cuando uno quiere lograr algo, saca tiempo, horas de donde no las hay.

3. No consigo que me apoyen

Hay un pedacito en nuestro corazón que tiene un llamado de querer ayudar a otras personas. Y en este camino de búsqueda de saber en qué emprender, qué es lo que me apasiona, cuál es mi talento, cuál es mi propósito, encontré ese llamado de servir, de poner mis servicios en el mundo. Y somos muy expertos en siempre querer cambiar a las personas, en que piensen mejor, que mejoren su estilo de vida, que cambien su forma de pensar. Y muchas veces nos frustramos en el camino porque las personas no creen en nosotros, porque no conseguimos el apoyo de nuestro círculo cercano. Puede que sea tu pareja, puede que sean tus padres, tus amigos. Si yo quiero que otras personas cambien, que mejoren su vida, que me apoyen, primero debo cambiarme a mí mismo.

Las personas cambian porque son inspiradas, contagiadas con tu propia personalidad, tu manera de ser, de cómo lo estás haciendo. Hoy en día vemos cómo muchos de los emprendedores imponen a las personas cómo debemos pensar para que cambien su vida. Así que aquí te digo: no le digas a la gente lo que tiene que hacer; muéstrale cómo lo estás haciendo tú a través de tu experiencia propia. Cómo iniciaste, cómo luce tu vida.

Si esperas a tenerlo todo listo, si esperas a sentirte listo para que puedas comenzar, o para que otras personas te den su apoyo porque estás iniciando a pequeños pasos, primero tienes que tomar una decisión: en quién te tienes que convertir para atraer a las personas que te gustaría que apoyen tus sueños. No es magia; es tener fe con convicción de lo que quieres lograr.

Si yo hubiera esperado en mis inicios a que alguien venga a apoyarme, a que alguien apruebe mis sueños, a que tenga el equipo completo para iniciar mis sueños, nunca hubiera logrado convertirme en la mujer que soy hoy: en una madre feliz, superar un matrimonio en bancarrota emocional y crear mi emprendimiento que me apasiona.

Ahora mismo no necesitas un equipo o de gente que te apoye, ni miles de soles para que puedas comenzar algo. ¿Qué te gusta? El tiempo y el dinero son un recurso que ayuda en el camino, pero para iniciar debemos aprender a separar los recursos personales de los recursos materiales. Y toma acción masiva imperfecta.

4. Miedo a lo desconocido

Esta es una lucha de todos los días. Yo aún sigo batallando con esta creencia porque tampoco soy una superheroína. La lucha es con mi yo desconocido, aquel que aparece cada vez que quiero lanzar una idea o un proyecto nuevo. Y el mejor *tip* cada vez que aparezca tu miedo a lo desconocido es recordar: ¿cuál es el propósito de tus sueños?, ¿por qué lo estás haciendo? Si eres creyente, o si no lo eres, medita sobre tus ideas y apunta, anota. Yo practico la visualización, practico la meditación, así recuerdo el objetivo y el propósito de por qué quiero y anhelo este sueño.

Pongamos en práctica el siguiente ejercicio: cierra los ojos y piensa en aquel sueño que deseas lograr en los próximos tres, cuatro meses, en un año, en cinco años. Y recuerda algún momento de tu vida en el que te sentiste realmente empoderada mientras lo piensas. Hazte las siguientes preguntas: ¿Qué es lo que ves? ¿Es significativo para ti? ¿Qué es lo que sientes? ¿Qué es lo que escuchas?

5. Creencias limitantes

Esta es la creencia con la que estás luchando ahora mismo. Esto nos sucede a los seres humanos: traemos creencias de nuestros antepasados. Padres, abuelos o familiares nos inculcaron ideas que fueron pasando de generación en generación hasta llegar a nosotros. Resulta que esas creencias fueron insertadas en nuestro inconsciente de forma sutil, ya sea en nuestra infancia o adolescencia, e incluso hasta hoy en día poseemos muchas de ellas. Estas forman parte de nuestra «basura mental». La buena noticia es que puedes reprogramar esto de forma consciente.

Aquí te comparto una imagen de cuando rompí por primera vez una tabla, una metáfora y experiencia que viví en el 2018. Fue el punto de partida para romper las limitaciones que lideraban mi vida: «No puedo», «No soy capaz», «Qué vergüenza», «Nadie me apoya», «Es que no tengo dinero», «No tengo tiempo», «Es que mis padres no me apoyan», «Algún día». Así que también tengo una corona de *miss excusas*.

La percepción del mundo que tenemos es el reflejo de nuestras creencias, y todas las emociones que podamos sentir son, por supuesto, el resultado de nuestras creencias. Por lo tanto, hay algunas creencias que nos dan el soporte hacia nuestros objetivos y que

54

nos ayudan a avanzar y superar cualquier reto, y hay otras que no lo hacen. Por ejemplo, creencias que pueden ser limitantes y que pueden estarte limitando en este momento, como:

1. No soy suficientemente inteligente, fuerte o atractiva.
2. No soy buena.
3. No tengo dinero.
4. Nadie me ama.
5. A nadie le importo.
6. Nadie confía en mí.
7. No puedo cambiar.
8. Es difícil.
9. No creo que pueda salir de este problema.
10. Así soy, y esto es la vida que me tocó.
11. No tengo el control de mi vida.

Las 3 preguntas más importantes que debes hacerte

¿Qué versión de ti necesita el mundo?

Cuando llegas a los 40 años, es muy recurrente que te levantes todos los días temiendo ir a trabajar. La sociedad nos obliga a tener una carrera para tener algo de qué vivir. ¿Por qué crees que las cosas tienen que ser así para ser alguien en la vida? Le escuché decir una vez a Vishen Lakhiani, como parte de una charla sobre las metas en la vida, que cuando somos jóvenes creemos muchas veces que las metas son en realidad nuestras metas finales. Los confundimos, pero son totalmente diferentes. Ver la diferencia me dio un enfoque diferente, y me gustaría que más gente aprendiera esta herramienta que me ayudó a comprender más mi misión.

En el año 2024, en plena flor de mi juventud, llena de sueños y ganas de comerme al mundo, un amigo me dijo: «Debes aprovechar tu belleza para que consigas rápido tus sueños». Nunca pensé que esa frase me haría tanto daño, y solo me di cuenta muchos años después. Mi vida se sesgó pensando que con solo ser guapa era suficiente para conseguir un marido con dinero que solucionara mi vida y que nada me faltara. Es increíble que por muchos años viví rodeada de esas creencias pobres. Aunque hoy me doy cuenta de que no fui la única en pensar así.

Muchas latinoamericanas nos conformamos con un esposo y hacer lo que el esposo dice. Esta es una creencia de miedos que venimos arrastrando en busca de seguridad. Suena duro, pero si hoy estás leyendo esto, es porque sé que estás lista para emprender un nuevo camino hacia algo nuevo y desconocido. Tal vez sientes dudas sobre dónde estás hoy, y te entiendo, porque es ahí donde más uno debe reflexionar sobre su vida actual.

Al entender estas dos versiones de metas —finales e instrumentales— entendí que las metas finales son hermosas y son el resultado final de la experiencia humana. Se basan en vivir el amor, viajar, ser realmente feliz, contribuir en el mundo, al planeta, aprender una nueva habilidad, entre otras cosas. Y, ¿qué pasa con las metas instrumentales? Estas son aquellas que la sociedad nos insiste que necesitamos para alcanzar la felicidad, por ejemplo: tener un buen promedio escolar, entrar a la universidad, trabajar en una determinada empresa, tener una relación amorosa con cierta persona, conseguir una buena evaluación en el trabajo. El problema es que nos obsesionamos tanto con estas metas instrumentales que perdemos de vista nuestra meta final.

En el 2004, mi meta era ser modelo, estudiar y vivir de ello, brillar, ser el orgullo de mi tierra. Por esos años, tuve la oportunidad de participar en varios concursos de belleza, representando a mi país. En aquel entonces, el modelaje no estaba tan mal visto como hoy. Si bien alcancé la meta planteada a los 24 años, después de recorrer mi última pasarela, tomé la decisión de dejarlo todo. Descubrí que no era feliz. No fue fácil tomar esa decisión.

Después de 4 años de experiencia, había llegado a un punto donde descubrí que no era lo que realmente deseaba. ¿Por qué? Porque tomé una meta basada solo en el «yo». Entonces, ¿qué quería en realidad? Aún no lo sabía. ¿Qué quería? Viajar, pero no para huir del dolor, sino para disfrutar de una manera responsable; tener mi propio negocio y tener la libertad de ser como yo quiera ser.

Entonces pensaba que el único modo de alcanzar esta meta era estudiando aviación comercial para ser tripulante de cabina. ¿Te imaginas? Yo dando la bienvenida a los pasajeros, sirviendo el cafecito. Trabajar 20 años para otros sin disfrutar de mi familia. Todos cometemos ese error. No se trata de la facultad de derecho ni del promedio escolar; no se trata de aprobar cierto examen; se trata de vivir una vida plena.

Mi cerebro dio un giro cuando me puse a imaginar la vida de mis padres, familia y amigos. Un día me dije a mí misma: «Yo seré el cambio de mi generación. ¿Qué tengo que hacer?». Así fue como empecé a trabajar estas tres

categorías: **experiencias, crecimiento** y **contribución**. Esas categorías marcaron el inicio del cambio en todo sentido, hasta el tipo de esposo que quería. Y me sirvió para evitar la trampa de amanecer un día a los 40 años de edad, deprimida con mi vida. No nos medimos en realidad por el tamaño de nuestra cuenta bancaria; sin embargo, vivimos la vida según las experiencias que el dinero pueda comprar. Por tanto, el dinero es importante.

Tony Robbins, el coach número uno del mundo, dice que en el fondo tenemos dos necesidades espirituales:

1. La necesidad de crecer.
2. La necesidad de contribuir.

Muchas cosas generan felicidad, pero la verdadera plenitud viene del crecimiento y de la contribución. **¿Qué experiencias quieres vivir?**

¿Cómo quieres crecer?

¿De qué manera quieres contribuir en el mundo?

Así que, al leer estas letras, quiero que te des un abrazo a ti mismo por apostar por ti. No esperes que alguien crea en tus sueños, que crea en ti. Eres tu mejor apalancamiento para que las demás piezas se unan en tu vida.

Estas tres preguntas fueron el inicio para entender y darme cuenta de que el mundo gira, y tú tienes que girar con él, por pura inercia, por pura física. Así que hoy te invito a **moverte**.

Respóndete estas tres preguntas. Te darás cuenta, especialmente si eres joven, de que te abrirás a oportunidades que van fuera del sistema para ser feliz mucho más rápido que el resto. Este ejercicio es importante porque, cuando tomé la decisión de recuperar mi matrimonio y cuando quise abandonar el barco, una noche no dormí por pensar qué decisión tomaría al amanecer. Le pregunté a Dios si esto era una prueba, ¿qué tengo que aprender de esto? Fue mi mente la que me dio las respuestas. Cuando era soltera, huía de mis problemas y no los enfrentaba.

Un matrimonio es hermoso cuando ambas personas conocen su **mapa del alma**, y con eso me refiero a sus dones, talentos, habilidades, sueños, valores y objetivos. Me convencí a mí misma que era el momento de enfrentar algo nuevo. Entendí su mensaje. Le dije a Dios: «Me quedaré y voy a luchar por mi familia».

Cuento esto porque tienes dos caminos: irte sin haber buscado una solución de una manera inteligente, o irte y decir simplemente que no funcionó por culpa de alguien más.

Creo tanto en estas preguntas porque fueron parte de mi transformación y de mi autodescubrimiento. Así me alejo de las personas que solo están en busca de dinero. Te comparto estas experiencias porque hoy eres parte de esta aventura. Al leer este libro, me estás acompañando a este llamado: **mil caídas antes del éxito**.

Te invito a coger tu celular, activa el cronómetro y controla 90 segundos. Eso significa que tienes aproximadamente 30 segundos para responder cada una de las preguntas. No te preocupes por pensar demasiado; solo deja que fluya. La única razón por la que usamos un cronómetro es para medir tu pensamiento lógico, así tu cerebro creativo pueda ayudar a que estas respuestas fluyan a través de ti. Así que toma un lapicero y comencemos.

Haz una lista de todas las experiencias que quieres tener en tu vida para que, cuando llegue tu último día, sepas que viviste una vida plena. Mientras haces la lista, piensa en personas que conoces que hayan hecho cosas increíbles en su vida: han visto lugares sorprendentes, han viajado por el mundo. No escribas tiempo o dinero como factores; piensa qué experiencias tendrías si el tiempo y el dinero no fueran inciertos. Incluye tu salud y apariencia física. Piensa en amor, relaciones, sexualidad. Si tienes hijos, piensa en experiencias con tu familia, con tus hijos. Piensa en tus amigos y tu vida social: ¿qué experiencias compartirás con esos amigos? ¿Qué tipo de coche te gustaría conducir? ¿Qué tipo de casas te gustaría vivir? ¿Dónde pasarás tus vacaciones y con quién las pasarías?

1. ¿QUÉ EXPERIENCIAS QUIERES VIVIR
ANTES DE MORIR?

2. ¿CÓMO QUIERES CRECER?

Creo de verdad que nos sentimos realizados cuando crecemos. Parte de nuestro propósito en la vida es aprender nuevas habilidades para desarrollarnos como seres humanos o para embarcarnos en nuestro propio crecimiento. Para mí, escribir este libro es una nueva experiencia maravillosa que lo hago con mucho amor. Dentro de estas páginas, compartiendo mi experiencia, es muy fácil hablar de las experiencias que vivimos, pero plasmarlo en un libro es el desafío más grande, pero al mismo tiempo gratificante.

Piensa ahora en tu crecimiento intelectual. ¿Qué libros quieres leer, además del mío, claro está? Recuerda que te comenté en las páginas anteriores que la lectura o leer libros no era parte de mis habilidades, y leer el primer libro que me abrió la mente, *Padre rico, padre pobre*, fue el punto de partida para amar la lectura.

Ahora, vayamos más allá de la vida intelectual. Piensa en cualidades como liderazgo, honestidad, confianza. ¿Qué cualidades quieres tener en tu vida? Piensa en inteligencia emocional, en la habilidad para controlar cómo percibes el mundo, en las habilidades para tratar con situaciones estresantes pero de manera positiva. ¿Cuáles de esos rasgos te gustaría emprender en tu vida? Piensa en tu vida espiritual, en tu práctica de la meditación, en la oración, en tus creencias. ¿Qué aspectos de tu vida espiritual te gustaría desarrollar?

Continuamos. Lo que haremos es escribir, en 30 segundos, todas las formas distintas en las que quisieras crecer y ser un mejor ser humano, tomando como base las preguntas que nos hicimos líneas arriba.

____

____

____

____

____

____

____

____

____

____

____

____

____

____

3. ¿Cómo quiero contribuir en el mundo?

Finalmente, escribiremos una lista de todas las maneras en las que queremos contribuir al mundo. No importa lo desafortunada que creas que es tu vida; cuando piensas en retribuir al mundo, por alguna razón inexplicable, la vida te dará mucho más. Como dice Fito Páez en una hermosa canción: *«Dar es dar»*.

Dar es uno de los caminos más cortos hacia la felicidad. Piensa, por ejemplo, cómo podrías contribuir al planeta, con tu familia, con tus amigos, con tus compañeros de trabajo, con la sociedad, con el mundo. Tu contribución no tiene que ser algo grande, aunque sería maravilloso que así fuera. Pueden ser acciones como voluntariado, enseñar a niños, o, si eres artista o escritor, hacerlo a través de compartir tus habilidades, dones y talentos con otros.

La idea es hacer del mundo un lugar mejor, sea mediante tus creaciones, donando tiempo, dinero o tu conocimiento especializado. El amor también ayuda; esa puede ser tu contribución desde lo más hondo de tu corazón. Puedes contribuir si trabajas en una compañía ecoamigable o incluso en una compañía normal que da empleos a miles de personas.

La contribución es uno de los caminos más certeros a la plenitud. Esta es una de las maneras que me ayudó a concretar mis metas.

¿Cómo quiero contribuir con el mundo?
(Escribe con tus propias palabras lo primero que
viene a tu mente)

____

____

____

____

____

____

____

____

____

____

____

____

De eso se trata la **experiencia**, el **crecimiento** y
la **contribución**. Espero que hayas disfrutado este
ejercicio como yo lo hice, y me encantaría que lo
compartieras con tu entorno. La idea es inspirarnos los
unos a los otros.

CAPÍTULO
2
SIN PROPÓSITO NO HAY
VICTORIA

«Descubrir tu destino en la vida se trata esencialmente de encontrar esa una o dos cosas que son más grandes que tú mismo y más grandes que aquello que te rodea. Y para encontrarlas, tienes que levantarte del sofá, actuar y tomarte el tiempo de pensar más allá de ti mismo y, paradójicamente, imaginarte el mundo sin ti en él».
—Mark Mason.

¿Qué es un propósito de vida?

Hay algo de lo que estoy segura: tú tienes un mensaje que el mundo necesita escuchar. Tienes dones que solamente tú puedes entregar, ideas, percepciones y un propósito exclusivo por el que estás aquí. Y, me creas o no, ya estás lista para empezar a ponerlo en acción ahora y crear una vida bajo tus términos.

Tenemos que redefinir el propósito para que realmente esté al alcance de nosotros. Simplifiquemos, bajemos de las nubes cósmicas a lo que las religiones lo subieron, y pongámoslo al alcance de los mortales, o sea, de nosotros.

Descubrir nuestro propósito es descubrir nuestra verdadera esencia, nuestra verdadera grandeza. Más allá del miedo, más allá de la educación y de lo que la sociedad en la que vivimos nos dice: qué soñar, qué desear, quién ser y cómo comportarnos. Es tu promesa de lo que harás con tu potencial, tu creatividad, tu imaginación y tus dones para cambiar tu mundo.

Hay que dejar de pensar que el mundo tiene que cambiar. Mejor comienza por cambiarte tú primero, porque tú eres el proyecto más importante con el cual trabajarás toda tu vida. Más de tres décadas buscando respuestas allá afuera, pero el día en que descubrí quién soy, para qué vine a este mundo y cuál es mi misión, fue el día en que empecé a vivir, a disfrutar, a servir, a pesar de que el mundo se encuentra en estas circunstancias.

Si antes de esta crisis no hacías lo que amabas, si lo hacías por el sueldo a fin de mes, ahora es momento de pensar en cómo construir tu futuro en el nuevo mundo que nacerá después de esta cuarentena.

Me acabo de subir al barco, y no te voy a negar que me tiemblan las piernas, porque sé que es algo nuevo, pero al mismo tiempo estoy abrazando cada experiencia, emprendiendo entre cuatro paredes.

Hoy quiero hablarte en este capítulo sobre este tema que venía hablando antes de esta crisis: **sin propósito no hay victoria**. Dios, la vida me venía preparando. Es tu decisión: ¿aprovechar este tiempo invirtiendo en ti o desperdiciarlo viendo noticias? Te cuento que ni tele tengo, solo una laptop de segunda que se convierte al mismo tiempo en TV.

No sabemos cuándo terminará la cuarentena, y sé que eso es fuente de preocupación... Pero, ¿sabes qué es lo importante saber?

Que va a terminar. Esto también pasará.

Pronto todo será solo un recuerdo, pero, ¿sabes qué no será recuerdo?

Lo que estás haciendo con el tiempo que se te fue dado en ella.

No podemos cambiar lo que está sucediendo, así que agradezcamos el regalo que nos trajo gracias a ello. Esto se terminará; vívela y úsala sabiamente para que, al final, la cuarentena te deje mejor de lo que te encontró.

En la vida hay tres tipos de personas: los que hacen que las cosas pasen, los que observan cómo pasan y los que preguntan por qué pasó. ¿Qué tipo de persona eres tú?

No temas fallarle a nadie; despréndete de ello y dirige tu enfoque a aquello a lo que le quieres dar vida. Y te voy a hacer una pregunta: ¿cómo quieres ser recordada? No te permitas vivir sin resolver esta pregunta.

Querido lector/a, recuerda siempre que mi interés es que tú transformes tu vida, y eso solo pasará si tomas acción y tomas conciencia de dónde te encuentras ahora. Si estás en el valle de las excusas, no es nada malo, mientras lo reconozcas y tomes acción.

Razones por las que las personas no toman acción y no tienen la vida que desean:

1. **La primera**: no tiene ni idea cuál es su propósito de vida, ni cuál es la vida que desea. Este es el caso del 90% de las personas en la actualidad que viven completamente desconectados de sus dones y sus talentos. Quién te habla viene de ese 90%. En el 2017 me hicieron esta pregunta: ¿cuál era mi propósito? Y yo respondí que me gusta hacer muchas cosas, pero ¿cuál es de esas muchas cosas te hace feliz?

2. **Muchas personas lo saben**, pero no se sienten expertas en su tema o suficientemente listas, buenas, y que todavía no es el momento, no están listas. Tienen muchas ideas y no están

preparadas; su vida sigue pasando antes de que tomen acción.

3. **Yo aún tengo miedo**, ni siquiera he podido convencerlo de que se marche... No importa cuántos éxitos hayan llegado antes, aún hoy, tengo una voz que me dice que ellos fueron suerte, casualidad o alineación de los planetas... y los que vendrán, por fin, serán el reflejo de mi realidad.

Así como lees, esas voces en mi cabeza son con las que convivo... Cada día de mi vida... La que me da consejos no solicitados a diario, la que tiene un pésimo concepto sobre mí... La que me paralizó por mucho tiempo y hoy continúa pidiendo de vuelta esa autoridad.

Te lo cuento porque quiero aclararte algo:

- **No tienes que vencer el miedo para empezar.**
- **Los sueños no nacen en la muerte del miedo.**
- **Ser valiente no es carecer de él, es actuar fingiendo su ausencia.**
- **Y la verdad es que antes de que el miedo parta, partirás tú.**
- **No esperes que una fuerza externa venga y te lo quite de encima,** porque creo que no hay mayor logro en la vida de una persona que el haberse convertido en la heroína de su propia historia, sin importar cuántas puertas tuvo que romper.
- **Las diarias batallas ganadas al miedo son lo que te convertirán en la mujer que amarás mañana.**
- **Que tu misión le gane la batalla al miedo.** En el fondo, todos sabemos lo que queremos, pero preferimos decir que nuestros obstáculos son cualquiera de las opciones de arriba. Y este es tu momento de empoderarte y digas: **adiós miedo, adiós limitaciones, adiós inseguridades.**

TUS EXCUSAS: LO QUE NO TE DESAFÍA, NO TE TRANSFORMA

Todos tenemos excusas que nos repetimos una y otra vez para postergar y no hacer lo que, en el fondo de nuestra alma, sabemos que tenemos que hacer si queremos obtener lo que anhelamos. Todos las tenemos, todos las conocemos, pero no todos somos conscientes de ellas.

Vamos a escribir todas las excusas que has utilizado en el pasado: las injusticias, las promesas que te rompiste a ti mismo, los abandonos, todo. Escríbelo todo.

TODAS TUS EXCUSAS:

1 -
2-
3-
4-
5-
6-
7-
8-
9-
10-

Ahora escribe tu compromiso con tu éxito:
Me comprometo, desde el día _____ del mes ______
del año _____,
a nunca más utilizar estas excusas, razones o
justificaciones para lograr lo que deseo.
Firmado: _________________________________

Y deja de esperar a que lleguen los milagros y
decide hacer de tu vida un auténtico milagro

MÁS ALLÁ DE TUS LÍMITES: 2 PASOS PARA DESCUBRIRLA

La diferencia entre las simples metas y el propósito es que, con las metas, te sirves solo a ti, pero con el propósito sirves a la humanidad. Un propósito es una meta puesta al servicio de la humanidad. ¿Y cómo crear abundancia con ese propósito? Muy fácil: sirviendo a más personas a través de él.

Muchas personas que tuve el gusto de servir a través de talleres y conferencias me decían: «Bely, todo está muy bien, pero ¿cómo sé cuál realmente es mi propósito?». Voy a decirte algo que te va a sorprender: tu propósito no tiene por qué ser algo en lo que seas talentosa o tengas dones. De hecho, yo no tenía ni idea cuáles eran mis dones y talentos. También la mayoría de las personas que veo que han logrado ser felices haciendo grandes cosas no nacieron con muchos talentos en esas áreas. No son tantos tus talentos, sino tus deseos del corazón.

Por ejemplo, cuando era más pequeña, me costaba socializar. Me contaba la historia: «Soy tímida». Pero las personas que me conocían me decían: «Tú no eres tímida». Me costaba hablar frente al público. Cuando me miraba al espejo, me miraba físicamente, pero no miraba a mi interior. Y la mente te juega malas pasadas. La primera vez que hablé frente a un público, solo llegué a hablar tres minutos y luego me bloqueé. Muchas veces, cuando no tienes la mentalidad correcta, nos autosaboteamos y decimos: «No soy buena para esto, mejor sigo haciendo lo que estoy haciendo». Y gracias al no haberme autobloqueado, hoy puedo pararme frente al público con más confianza... porque me hice la promesa de que, si hoy hablé tres minutos, seguiré practicando para que la siguiente vez hable diez, y la próxima, quince… ¡Ahora nadie me calla!

La repetición es la madre del aprendizaje. Deseo que el universo se expanda a través de ti. Dicho esto, empecemos:

Deja de ser normal

Ese es el desorden predominante en el mundo actual: tratar de ser normal, de encajar, de quedar bien y de ser como los demás. Comienza a pensar fuera de la caja y quítale el techo a tu imaginación, a tu potencial, a tus posibilidades.

Aquí quiero hacer de esta palabra una versión positiva: **rebélate**. Porque la rebeldía es básica en tu expansión, en tu crecimiento, en el encuentro con tu propósito. Porque todos nacemos incompletos, y quiero que comprendamos este concepto. Somos la única especie que nace de esta manera, sin poder valerse por sí misma, para luego convertirse en lo que la educación recibe. Si crece junto a chimpancés, se convertirá en uno de ellos. Solo lo que la educación ha hecho en nosotros.

Cómo nacemos incompletos, no sabemos cuál es nuestro camino. El perro, por ejemplo, no se pregunta si debería ladrar o aullar, qué le gustará más, cuál será su pasión: ¿ladrar o aullar? No se pregunta; su misión está establecida, su destino está trazado. En cambio, el hombre nace para completarse, y en realidad eso es lo que da sentido a su vida. Es el que tiene el permiso de preguntarse, de dudar, de encontrar su camino para que realmente se convierta en lo que está llamado a ser.

Entonces, nosotros llegamos sin conocer el camino. No sabemos cuál es nuestro norte. El camino fácil y rápido es seguir, hacer lo que los demás hacen.

Recuerdo esos momentos cuando conocí a una líder de redes de mercadeo que me quería vender su café. Pero al final de la reunión, nunca entendí el negocio, aunque terminé leyendo un libro que ella me prestó. Justo aquí hago énfasis en ese llamado a la rebeldía. Porque en ese entonces yo estaba terminando el último ciclo de mi carrera, y fue la decisión más rebelde que pude haber hecho: renunciar a esa carrera para ir en busca de algo diferente. Se trata de algo que realmente nos haga sentir orgullosos y que ayude al mundo, que saque nuestra verdadera grandeza.

Otro ejemplo: se me ocurrió la locura de aceptar casarme de un día para otro... en secreto. Porque en mi mente no existía el velo blanco, sin tanto rollo. Algo que siempre rescato de mí es que soy muy práctica. He aprendido a seguir lo que mi intuición me dice... y a veces me paso de locuras.

Y con eso no quiero decir que estudiar una carrera no esté bien. Todo suma en esta vida. Tampoco quiero ser una influyente de que te cases a la aventura... Sin embargo, busco explotar tu grandeza. Si no disfrutas... no tiene sentido.

Cuando tú tienes este acto de ser tú, de despertar, empiezas a dudar, a preguntarte, a darte cuenta de que la vida es mucho más de lo que te contaron, de lo que te mostraron y en lo que te convirtieron. Que tú eres mucho más. Y si estás aquí leyendo esta página, es porque tú estás dispuesto a defender la voz de tu alma, aunque ella te obligue a separarte de ella. Te felicito por tu sabia decisión. Y, por favor, que las voces exteriores —el qué dirán, la opinión pública, lo que dice tu cabecita, lo que te insertaron en la educación, lo que debería ser posible o no—, cámbialos por creencias que tienes ahora y permítete escribir nuevamente en una hoja en blanco la historia de la que te gustaría sentirte orgullosa.

Somos un experimento existencial

Como dice Albert Einstein: «Existen dos formas de ver la vida: una es creer que no existen los milagros; la otra es creer que todo es un milagro».

Entonces, darme cuenta de que yo era un milagro en esta vida y que somos un experimento existencial fue revelador. Hay mucha gente que viene a mí y me pregunta: «Bely, no sé cuál es mi pasión. ¿Cómo encontraste tu propósito de vida?». Déjame decirte que mi propósito me encontró a mí.

Obviamente, mi gente, si no sabes cuál es tu propósito de vida, es porque te dedicas ocho horas al día a un trabajo mientras se empolvan tus dones, y luego el resto del día que te queda lo dedicas a sobrevivir, a tratar de aparentar, a encajar y a demostrar a la gente que eres feliz con lo que has logrado en la vida.

Si te dedicas a tiempo completo a nadar en contracorriente a ti misma, no vas a encontrar ni tener pistas de qué es lo que te apasiona, cuál es tu propósito ni lo que estás llamado a hacer.

Así que deja de perseguir tu propósito, porque el propósito te encuentra a ti cuando estás en movimiento. Encontrar tu propósito es un deseo de experimentación, no de adivinanzas. No tienes que adivinar qué será, para qué vine a este mundo, qué tengo que hacer en la vida. No. Es un juego de experimentación: salir a la cancha.

A mis 12 años, ya era parte de la selección de mi colegio, y a esto le llamo experimentar. ¿En qué eres bueno? Yo jugaba fútbol, vóley, atletismo, básquet. De niña soñaba con ser futbolista porque era lo único que había en ese momento. Sin embargo, mi corazón me decía: «Sé modelo», aunque lo veía lejos porque no tenía a quién admirar. Y a mis 19 años, logré ser modelo.

Se trata de probarte a ti mismo de qué eres capaz. Y créeme, no eres una adivinanza; no la encontrarás sentada en el sofá con el control remoto en una mano y el otro en las redes sociales, mientras te quejas de que no sabes qué hacer con tu vida y esperas a que alguien golpee la puerta y te traiga tu propósito entre sus manos. Sería increíble que pudiéramos pedir propósito a domicilio, pero lamentablemente no funciona así.

Hay mucha gente que te va a aconsejar cuando dices: «No sé cuál es mi propósito», «No sé cuál es mi llamado», «No sé qué negocio emprender». El consejo convencional es: «Sigue tu pasión». ¡No! Si no sabes cuál es tu pasión, pues obviamente no vas a saber cuál es el siguiente paso a dar.

Así que aquí tienes algo práctico para que puedas empezar aquí y ahora:

¿CÓMO REVIVIR TU PROPÓSITO?

Busca tus carencias, y en ellas se encuentra tu bendición disfrazada. Todo el mundo tiene un llamado, y el verdadero trabajo en esta vida es descubrirlo.

Cumplir tu propósito es el único camino para desarrollar tu potencial y hacer bailar a tu alma cada mañana cuando te levantes de la cama. Ya traes una semilla de grandeza, pero esta no viene sola; trae consigo todo lo requerido para que puedas hacerla germinar. Y justo ahí yace tu misión: en que encuentres esa semilla, la conviertas en flor y se la entregues al mundo. Eso es lo único que te permitirá darle sentido a tu vida y evolucionar.

Puedes tener la profesión que tengas; puedes ser coach, conferencista, pero tu misión es mucho más que eso. Tu certificación es solo una herramienta para llevarla a cabo.

Como dice Yokoi Kenji:

- **No hay *ikigai* sin equilibrio**: Esto quiere decir que, al dedicarte a hacer lo que te apasiona, debes hacerlo manteniendo el equilibrio en cada área de tu vida, cuidando tu salud emocional y mental.
- **No hay *ikigai* sin detalles**: Es decir, si queremos vivir de nuestro *ikigai*, tenemos que estar dispuestos a salir de la zona de confort y ser disciplinados.

- **No hay *ikigai* sin paz**: Lo que haces debe darte y traerte paz en tu alma.

El propósito de tu vida viene generalmente de los desafíos que hemos superado. Recuerda que Dios no elige a los preparados, sino que prepara a los elegidos.

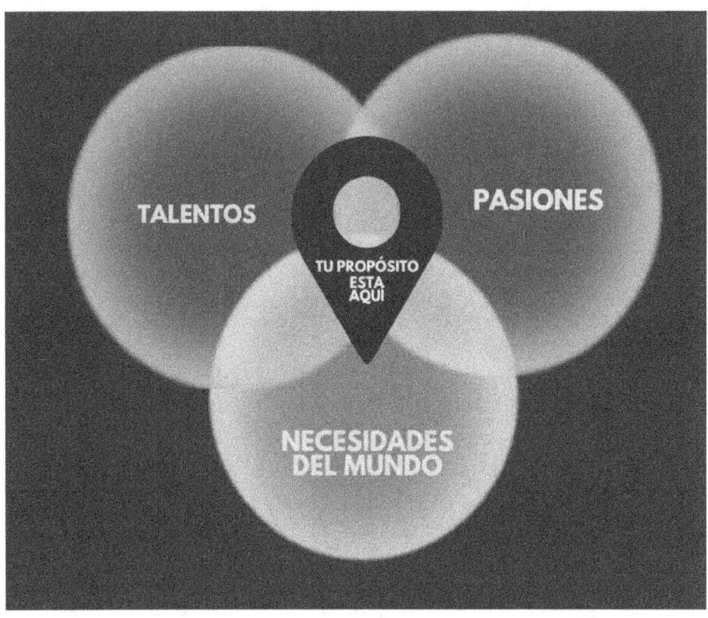

TALENTOS: La materia de la que está compuesta tu semilla de grandeza.

Para encontrar esos dones únicos que tienes para el mundo, puedes responder estas preguntas:

1. ¿Qué desafíos has superado?

2. ¿Qué experiencias únicas has tenido en la vida?

3. ¿Qué desgracia has tenido que superar que te dejó un gran aprendizaje y resultó ser tu mayor bendición?

4. ¿Qué te ha enseñado la vida que ahora puedes utilizar para ayudar a otros a no pasar lo mismo o a superarlo más rápido?

5. ¿Qué problemas puedo solucionar a las personas a través del aprendizaje de mis experiencias pasadas? ¿Qué he superado yo que puede ayudar a otros a superarlo?

6. ¿Sobre qué temas nunca te cansarías de aprender?
    ¿Cuál es aquel tema que podrías leer y estudiar
    durante horas y nunca te cansarías?

    ____

    ____

7. ¿Por qué la gente me agradece?

    ____

    ____

8. ¿Qué te gustaba hacer cuando eras niño/a?

    ____

    ____

    ____

Muchas veces, nosotros no nos damos cuenta de
nuestros talentos. Por lo tanto, es muy importante que
hagas una encuesta a las cinco personas cercanas a ti en
tu vida y hagas estas preguntas:

1. ¿Cómo te inspira mi vida en la tuya?
2. ¿En qué aspecto crees que soy un buen ejemplo?
3. ¿Cómo te hace sentir mi presencia? (Las emociones
    que provocas).
4. ¿Cuál crees que es mi habilidad o virtud con la que
    yo usualmente puedo servirte mejor en tu vida?

PASIONES: La gasolina, que como agua te
permitirá cultivar y hacer crecer con amor tu
semilla de grandeza.

1. ¿Qué te hace sentir invencible?
2. ¿Qué actividades detienen el tiempo?
3. ¿Qué te inspira?
4. ¿Qué te hace sentir fortalecida y vital después de hacerlo?

NECESIDADES DEL MUNDO: Tu propósito no tiene nada que ver contigo; tiene que ver con las vidas a las que tú puedas tocar. Por eso es muy importante que sepas cuál es la necesidad humana con la que tu alma se identifica para que puedas enfocar tus superpoderes en ella. ¿En qué mundo crees?

Por ejemplo, en abril del 2018 viví la experiencia de romper una tabla. Me sentí empoderada. Un año después, recibí una invitación para dar una conferencia de empoderamiento a la mujer en la ciudad más alta del mundo: Cerro de Pasco. Así comencé a calibrar las estrategias que necesitaba. Comence a usar el apalancamiento con otros colegas, asi conoci amigos que me ayudaron a crear mi primer evento de caminata sobre fuego con más de 50 mujeres. La primera vez en la ciudad, casi me congelo: 4,338 metros sobre el nivel del mar. Como dice su frase: «Tierra de machos y no de muchos». Me sentía una macha. La primera prueba no era hacer mi conferencia; era demostrarme que podía sobrevivir más de tres días en esta hermosa ciudad de altura implacable. Así que era momento de mostrar mi armadura. A ver si funciona: respiración, meditación, visualización y dar las órdenes correctas a mi cerebro…

Para cerrar esta página, solo decirte que nunca podrás ser tú misma y explotar al máximo tu potencial si constantemente luchas por seguir siendo parte de un enjambre. Es tan real porque a veces queremos batallar contra nuestro entorno, pero las corrientes son fuertes, nos desgastan y nos debilitan en el camino.

Lo que sí te puedo decir es que sentirás gratitud por ti misma, por ser quien eres, por estar aquí y por ofrecerle algo al mundo. Tú eres un ser único e irrepetible, con cualidades excepcionales. Y tu mera existencia es un regalo para todos.

Espero que en algún momento vivamos esta experiencia en uno de mis eventos…

La mentalidad de una mujer después de mil caídas

Yo empecé conociéndome. No puedes cambiar algo que no conoces. Revisa tus raíces, porque tus raíces determinan tus grandezas.

Antes de hacer cualquier cambio mental, primero tienes que conocer y reconocer de dónde vienen esos archivos mentales y qué provoca que tú pienses así. Cuando logras entender de dónde viene esa manera de pensar, de actuar, quién o qué provoca reacciones así, entonces vas a lograr hacer grandes cambios en tu vida para siempre. Pero si no entiendes esto, jamás podrás atacar al enemigo más fuerte, que es tu mente. Yo lo aprendí en un curso que tomé, y desde ahí supe cómo hacer cambios de hábitos.

Así que, en este camino, conocer mi historia me hizo más libre: a aceptar mi realidad, a romper paradigmas, sanar patrones, perdonar para seguir creciendo, pero con un propósito.

Existen otras creencias que nos empoderan y guían nuestro comportamiento hacia nuestros objetivos. Por ejemplo: la forma como te hablas.

1. Siempre estoy abierta a la abundancia.
2. Tengo abundancia en mi vida.
3. Tengo mucho y suficiente para dar a otros.
4. Estoy orgullosa de mí misma y de lo que he conseguido.
5. Atraigo a mi vida todo lo que necesito.
6. Merezco lo mejor y lo recibo ahora.
7. Me amo tal como soy; ya no aspiro a ser perfecta para amarme.
8. Me esfuerzo para sacar la mejor versión de mí misma.
9. Soy abundancia.
10. Tengo el poder necesario para crear éxito y la prosperidad que deseo.
11. Soy afortunada.
12. Soy importante.
13. Soy valiosa.
14. El matrimonio es para crecer.
15. No existe el fracaso, solo aprendizaje.
16. Voy a cuidar mucho de mí misma.
17. Lo que yo quiero me quiere a mí.
18. Elijo dejar de disculparme por ser yo misma.
19. Tengo el poder de crear la vida que deseo.
20. Todo lo que pido, el universo me lo da.

Existen muchas maneras de poder reprogramar nuestra mente, romper barreras mentales, metáforas, y todas estas experiencias he vivido a partir de poder caminar sobre fuego, romper tablas. Pero siempre hay una que marca la diferencia y que te deja una huella para poder darte cuenta de lo que eres capaz.

Cómo fortalecer tu bienestar emocional y vivir con más armonía

La vida puede ser un remolino, ¿verdad? Un día estás bien y al siguiente sientes que el mundo se te viene encima. En ocasiones, todo eso ocurre antes de que te termines el primer café de la mañana.

Pero aquí está la clave:

Tu bienestar emocional no se trata de no sentir nada o de tenerlo todo bajo control.

Se trata de aceptar cada emoción, incluso esas que preferirías ignorar. Tu bienestar emocional no es un destino, sino un proceso; es un viaje en el que aprendes a lidiar con tus emociones de manera más saludable, a desarrollar una mentalidad más positiva y, sobre todo, a establecer límites que te protejan de lo que ya no te suma. Y eso es un acto de amor propio tan necesario como tomar agua todos los días.

Este tema no se trata de «arreglar» lo que sientes. Ni de forzarte a ser positiva todo el tiempo. Se trata de aprender a navegar tus emociones con más compasión y de encontrar un equilibrio que te permita ser más auténtica y libre. Porque, seamos sinceras, la perfección es aburrida; lo que importa es cómo abrazas cada emoción y la transformas en una herramienta para tu crecimiento personal.

Vamos a sumergirnos en este viaje juntas. Empezamos por aceptar y comprender tus emociones, luego construyendo una mentalidad más positiva y, finalmente, estableciendo límites emocionales saludables. Este camino no será perfecto, pero te prometo que será auténtico y liberador. ¿Estás lista?

1. Acepta y comprende tus emociones

Vamos a empezar con lo básico: sentir no está mal. De hecho, es la única manera de conocernos de verdad. La tristeza, el miedo, la alegría, la frustración… todas estas emociones están ahí para decirte algo, como esos amigos que no dejan de enviarte memes para alegrarte el día, pero en versión interna. Lo complicado viene cuando intentamos ignorarlas, como si por cerrar los ojos las cosas fueran a desaparecer.

No funciona así: tus emociones no son tus enemigas; al contrario, son aliadas que te indican qué es lo que realmente necesitas.

- **La tristeza**: Por ejemplo, no está ahí solo para hacerte llorar viendo películas tristes. Por otro lado, puede ser un grito interno que te está pidiendo poner límites.
- **El miedo**: Bueno, el miedo es esa alarma que te recuerda que estás a punto de salir de tu zona de confort.

La clave para aceptar tu bienestar emocional es aceptar cada emoción tal como viene, sin juzgarla ni reprimirla. Imagina que tus emociones son como el clima: no puedes controlar si llueve o hace sol, pero sí puedes decidir llevar un paraguas o ponerte bloqueador. Lo mismo pasa con las emociones: no se trata de controlar lo que sientes, sino de aprender a manejar cómo respondes a ello.

- **No seas tu peor crítica**: Es fácil caer en la trampa de pensar que deberíamos sentirnos bien todo el tiempo. Pero la verdad es que eso es agotador y poco realista. La vida no es una secuencia de comerciales de yoga, y está bien no estar bien. Más bien, cuando aparezca la tristeza, la ansiedad o la frustración, recíbela como a una visita inesperada. Sí, quizás sea incómoda, pero también puede traerte mensajes importantes sobre lo que necesitas cambiar o soltar en tu vida.

  Aceptar tus emociones también implica hablarte a ti misma con más amabilidad. En lugar de pensar «no debería sentirme así», prueba con: «*¿Es normal que me sienta así en este momento?*». Esta simple frase en pregunta lo cambia todo, porque te permite ver tus emociones desde una perspectiva más compasiva y menos crítica.

- **Haz de la aceptación un hábito**: Aceptar tus emociones no sucede de la noche a la mañana; es un proceso. Piensa en ello como entrenar un músculo que no usas mucho. Al principio duele, pero con el tiempo te sientes más fuerte. Puedes comenzar con pequeñas acciones, como detenerte unos segundos durante el día y preguntarte: *«¿Cómo me siento ahora mismo?»*. No necesitas respuestas grandiosas; a veces solo es suficiente con reconocer que estás cansada, feliz o simplemente aburrida. Incluso podrías llevar un diario emocional en el que registres tus emociones diarias sin filtros, tal cual las sientes. Este ejercicio no solo te ayuda a ver patrones emocionales, sino que también te permite entender mejor cómo ciertos eventos, personas o lugares afectan tu estado de ánimo. Y lo mejor de todo es que, al escribir tus emociones, es como si las sacaras de tu mente y las pusieras en un papel, dándote la oportunidad de verlas con más claridad y menos dramatismo.

Ejercicio: Reconociendo tus emociones sin juzgar
Tómate 10 minutos en un lugar tranquilo y cómodo. Cierra los ojos, respira profundo y concéntrate en lo que sientes en este momento. Luego, escribe una lista de las emociones que identifiques. No te preocupes por darles un «diagnóstico»; simplemente anótalas tal como vienen. Puede que sientas varias emociones a la vez —es normal—, pero lo importante es que no te juzgues por ello. La idea es hacer espacio para todo lo que estás sintiendo, permitiéndote ser más consciente de tu mundo emocional sin criticarte.

2. Establece límites emocionales saludables

Poner límites emocionales no es ser «mala persona»; es ser sabia. Sin embargo, para muchas de nosotras, la idea de establecer límites puede causar más ansiedad que alivio. ¿Por qué? Porque solemos pensar que los límites hieren o decepcionan a los demás, cuando en realidad lo que hacen es protegernos. Y lo más importante: nos permiten mostrarnos de manera más auténtica, sin acumular resentimiento o agotamiento.

Piensa en esto: ¡cuántas veces dijiste «sí» a algo cuando en realidad querías gritar «no»! Ya sea aceptar una tarea adicional en el trabajo cuando estás al borde del agotamiento o acudir a una reunión familiar solo por compromiso —aunque todo tu ser esté pidiendo una pausa—. Aquí es donde entra la magia de los límites saludables.

- **Cuando decir "no" te salva el día y la semana:**
  Decir «no» no es solo una palabra; es un acto de amor propio. A veces, la mejor manera de cuidar tu bienestar emocional es priorizarte a ti misma, y eso puede significar rechazar ciertas responsabilidades que no te corresponden. Decir «no» te da más tiempo, energía y espacio mental para enfocarte en lo que realmente importa. No se trata de ser egoísta, sino de ser estratégica con tu energía.

Imagina que tu bienestar es un vaso de agua: si sigues llenando los vasos de los demás sin detenerte a recargar el tuyo, tarde o temprano te vas a quedar seca.

Y aquí va un recordatorio importante: el mundo no se va a desmoronar si no estás disponible todo el tiempo. Es más, quienes te rodean probablemente te respetarán más cuando vean que sabes poner tus propios límites. La clave está en comunicarlo de forma clara y sin culpa. No tienes que dar explicaciones largas ni complicadas; basta con un simple *«no puedo»* o *«no me es posible en este momento»*.

- **Reconociendo tus límites internos**: Para establecer límites saludables, primero debes identificar cuáles son tus «zonas rojas». Esas situaciones o personas que te desgastan más de lo necesario y te dejan sintiéndote emocionalmente drenada. Puede ser un amigo que siempre descarga sus problemas sobre ti, una relación laboral tóxica o incluso tus propios pensamientos, que te empujan a ser demasiado dura contigo misma.

Responder estas preguntas te dará más claridad sobre las áreas en las que necesitas establecer límites. Y aquí no hay reglas estrictas: tus límites pueden ser tan flexibles o firmes como lo necesites en cada situación. La única regla es que deben ser lo suficientemente claros para que tú misma los entiendas y los respetes.

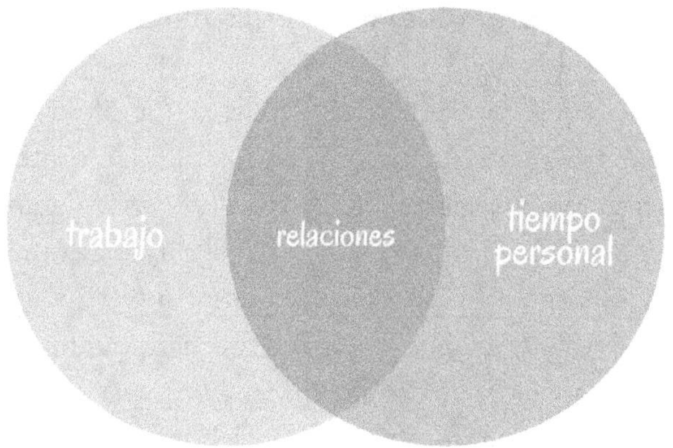

Dentro de cada sección, anota los límites que necesitas establecer para proteger tu bienestar emocional. Por ejemplo, en la sección de «relaciones», puedes escribir: *«Decir no cuando no me sienta bien emocionalmente para ayudar a otros».*

Este ejercicio te ayudará a visualizar tus límites de manera más tangible y a recordarte que es un proceso que merece tu atención y respeto.

No te sientas culpable por protegerte. Recuerda que poner límites emocionales no significa alejar a las personas que amas, sino protegerte de la sobrecarga y mantener tus relaciones en un espacio más saludable. No siempre será fácil y, probablemente, encontrarás resistencia —tanto interna como externa—. Pero cada vez que establezcas un límite saludable, estarás reafirmando tu **valor personal**. Y eso, mi querida lectora, es algo que nadie te puede quitar.

Practica la gratitud como herramienta de bienestar en tu vida

La gratitud no se trata de ignorar los problemas y fingir que todo es perfecto. De hecho, es todo lo contrario. Se trata de reconocer las cosas buenas —grandes o pequeñas—, incluso cuando la vida parece complicada. La gratitud es una herramienta poderosa para tu bienestar emocional, ya que te ayuda a cambiar el foco de lo que te falta hacia lo que ya tienes. A veces nos enfocamos tanto en lo que no va bien, que olvidamos lo que sí tenemos. La gratitud es como ese botón de *«pausa»* que te permite respirar, observar lo que te rodea y darte cuenta de que, a pesar de todo, hay cosas por las que puedes sentirte agradecida. No importa si es un café caliente en una mañana fría, una sonrisa inesperada o simplemente el hecho de que llegaste al final de tu día agotador. Todo cuenta y todo suma.

Aquí va un secreto: cuanto más practicas la gratitud, más fácil te resulta encontrar motivos para agradecer. Es como ejercitar un músculo que se vuelve más fuerte con el tiempo. De pronto, lo que antes pasaba desapercibido comienza a brillar con más fuerza.

La gratitud según la ciencia

Según estudios publicados en *The Journal of Positive Psychology*, las personas que practican la gratitud de manera regular reportan mayores niveles de felicidad y menos síntomas de depresión.

Otro dato: el *Greater Good Science Center* de la Universidad de California en Berkeley sugiere que llevar un diario de gratitud durante solo tres semanas puede aumentar la satisfacción con la vida en un 10 % —un efecto similar al de duplicar tus ingresos percibidos en el trabajo—.

En conclusión: cuando tu mente se enfoca en lo positivo, tu cuerpo responde reduciendo la producción de cortisol, la hormona del estrés. Y ya sabemos que menos estrés significa más paz mental y emocional. La gratitud también mejora las relaciones, tanto con los demás como contigo misma. Cuando agradeces lo que tienes y lo que eres, es más fácil sentirte en armonía con tu entorno y valorar más lo que ya posees, en lugar de obsesionarte con lo que falta.

No es magia: la gratitud también es un hábito y, como tal, requiere práctica constante. Pero no te preocupes. No necesitas una hora de meditación diaria ni un retiro espiritual para empezar. Aquí te dejo algunas formas simples de incorporar la gratitud en tu día a día.

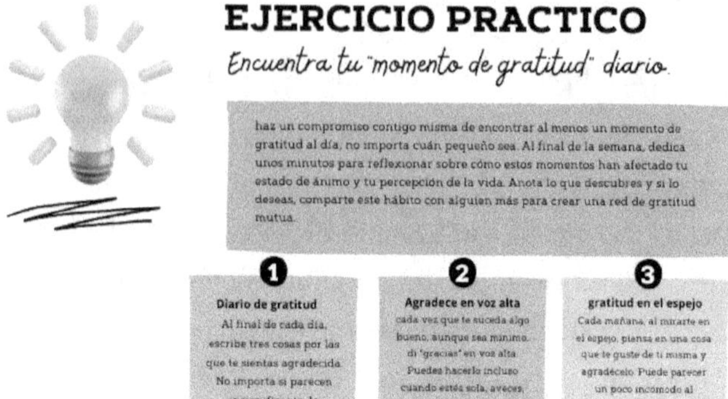

La gratitud no es magia, pero funciona

No, la gratitud no resolverá todos tus problemas, pero te dará una perspectiva más saludable para enfrentarlos. Es como ponerle un filtro más cálido a tu vida, uno que te recuerda que, aunque hay días difíciles, siempre hay algo por lo cual agradecer. No solo es una herramienta de bienestar emocional que puedes llevar contigo a todas partes, sino que, lo mejor de todo, está siempre disponible, incluso en los días más grises.

El nivel de conciencia hacia tu versión más auténtica

¿Alguna vez has sentido que hay más en ti de lo que puedes ver? Como si una parte de tu potencial estuviera dormida, esperando a ser despertada. Los cuatro niveles de conciencia te revelarán las profundidades ocultas de tu ser y te guiarán en un viaje hacia el autodescubrimiento.

Un simple concepto me ayudó a comprender las razones detrás de mis frustraciones y a construir relaciones más sanas. Los cuatro niveles de conciencia, según Vishen Lakhiani, autor del libro *El código de las mentes extraordinarias*, me brindaron una nueva perspectiva sobre mí mismo y sobre las personas que me rodean.

Al conocer estos niveles, empecé a reconocer las voces internas que me limitaban y frustraban. Me di cuenta de que muchas de mis tristezas y enojos con mi familia se debían a que estábamos en diferentes niveles de conciencia. Aprendí a respetar sus creencias y experiencias, ya que no podían comprender mis aspiraciones. Sentía que no valoraban mi esfuerzo por crecer y mejorar.

Sin embargo, al comprender que cada persona está en un punto diferente de su evolución, pude desarrollar una mayor empatía y paciencia. Me di cuenta de que no era necesario que todos estuvieran de acuerdo conmigo, sino que simplemente necesitaba encontrar personas que me apoyaran en mi camino.

¿Alguna vez has intentado compartir tu entusiasmo por un nuevo hábito o una idea transformadora con alguien cercano, solo para que te mire con una sonrisa amable y cambie de tema? Muchas veces, al descubrir una herramienta o práctica que nos ha cambiado la vida, creemos que es una fórmula mágica que funcionará para todos. Sin embargo, la realidad es que cada persona es un mundo, y lo que funciona para ti puede no funcionar para otros.

Científicamente, mucha gente no piensa que la mente es algo que se puede hackear, pero sí lo es. Así que vamos a hablar sobre la imagen que veremos a continuación:

Nivel I: La etapa de la víctima

El mundo a tu alrededor es donde se encuentra la mayor parte de la humanidad. El 70% de las personas han olvidado sus habilidades innatas. Viven como si todo les ocurriera a ellos. Culpan a la economía, a los políticos, a los jefes, al trabajo, a los suegros, a la pareja, a la familia, etc. Fuiste entrenado por un sistema educativo obsoleto que ha olvidado que eres más que un saco de huesos; posees habilidades espirituales. Puedes ser creyente, pero estás atado al dogma y al ritual. Aún no ves que puedes darle forma a tu mundo.

Nivel 2: El despertar

Descubres que el mundo no te sucede a ti; tú eliges el mundo que quieres vivir. Estableces metas, entiendes que tu cuerpo no tiene que envejecer normalmente. Las caídas se convirtieron en esperanzas. Aprendes a comunicarme mejor con el universo. Si bien todos envejeceremos, tú estableces que no lo hará de la manera que la mayoría, sino como tú lo deseas. Conozco tantos ejemplos de personas que a los 50 años se ven de 40. Esos secretos quiero en mi vida. La edad no cuenta cuando uno ama su vida y quiere vivir a plenitud.

Nivel 3: La visualización creativa

Practica las afirmaciones. En este nivel, las herramientas son totalmente diferentes, pues consiste en reprogramarte a ti mismo (recodificación del ser). Reprograma tus pensamientos, crea tu realidad y atrae lo que piensas. No solo se trata de transformar tu mundo exterior, sino de calibrar constantemente tu mundo interior.

Cuánto más meditas y exploras estados de conciencia, practicas la visualización, te das cuenta del poder que tiene esta herramienta para avanzar, y avanzar de una manera más consciente, aquello que quiero que esté en mi vida y que quiero que llegue a mí.

Nivel 4: Cambiar el mundo

Vishen Lakhiani menciona que en este nivel solo opera el 1% de las personas. Aquí te das cuenta de que puedes influenciar en el mundo siguiendo tu intuición. Tienes una conexión tan profunda con tu alma que es tu alma la que guía tus pasos. En este nivel están aquellos que alcanzaron la plenitud y los que realmente cambian el mundo. Por ejemplo, Steve Jobs. Los de nivel 4 cambian las herramientas; ya no fijas metas ni intenciones, sino que tu vida es guiada.

Todos conocemos personas que, afortunadamente, nacieron en familias o crecieron en círculos sociales donde fueron programados para el éxito y la prosperidad. A pesar de que este caso no puede aplicarse en nuestra historia de vida, ahora sabemos que podemos reprogramarnos para el éxito con ayuda de las técnicas adecuadas de la programación mental para obtener una mentalidad ganadora.

La historia personal de quienes triunfan nos demuestra una y otra vez que la calidad de la vida no está determinada por lo que nos ocurre, sino por lo que hacemos ante lo que nos ocurre.

¡Los sueños son la clave del éxito!

Tu historia es lo que tienes, lo que siempre tendrás. Es algo que debes hacer tuyo. Tu historia es la parte más poderosa de quién eres: las luchas, las caídas, los fracasos, el éxito y todo lo demás. Recuerda siempre mantenerte abierto a nuevas experiencias y no dejar nunca que los que dudan se interpongan en el camino.

5 libros para comenzar con tu cambio mental

Nunca es tarde para abrir un libro que sea el punto de inflexión para amar la lectura. Cualquier libro puede inspirarte; sin embargo, te invito a vivir el viaje de la lectura del libro que vaya alineado a tus sueños. Si quieres ser poeta, modela libros de poesía. Si quieres ser novelista, modela libros de autores que escriben novelas. Si buscas dar una solución al mundo a través de tu transformación, modela libros de experiencia de vida de autores que son referentes en tu nicho.

Algunos de los siguientes libros favoritos que utilicé como herramientas poderosas en estos 10 años de mi camino hacia mi éxito para salir adelante e iniciar mi carrera como emprendedora:

1. *Padre rico, padre pobre*, de Robert Kiyosaki.
2. *Tus zonas erróneas*, de Wayne Dyer.
3. *Poder sin límites*, de Tony Robbins.
4. *Despertando al gigante interior*, de Anthony Robbins.
5. *Segunda oportunidad*, de Robert Kiyosaki.
6. *La psicología del dinero*, de Morgan Housel.

Tienes que aprender a mantener el enfoque, reprogramar tu mente actual a una mente de ganadora. No vivas de víctima por la vida; es imposible construir algo grande sobre castillos de excusas y miedos. El éxito y la abundancia son para el que se hace responsable, no para la víctima.

Dicen que mentalmente el ser humano muere a los 25 años de edad, para solo esperar morir físicamente. Porque cuando estamos jóvenes, soñamos en grande; no hay obstáculos. Ponte a pensar: de niño, ¿qué soñabas? ¿Qué decías que querías ser de grande? Conforme vas creciendo, esos sueños se van esfumando porque se pone difícil. Ya los sueños se determinan por tu sueldo, tu carácter, tu cuerpo, tus círculos. Tus emociones son controladas por el «qué dirán». Así me encontraba yo a los 25 años: en una profunda depresión, cero sueños, pensando que había defraudado a mi familia y al mundo. Sin embargo, solo me había defraudado a mí misma.

Muchas veces me he enfrentado o me he encontrado con mujeres y hombres que no tienen interés por ser productivos porque la pareja los mantiene. Y eso los lleva a una zona de confort por años. Y no está mal. Pero en algunas ocasiones, la pareja se separa, y la mujer termina dependiendo solo de una pensión, si bien le va. Y todo porque dedicó los años, o los mejores años de su vida, a atender su hogar, esposo e hijos, olvidándose de sus propios sueños y metas. Jamás emprendió porque dejó de aprender aquellas cosas que le apasionaban.

Yo estaba en esa situación cuando decidí casarme. Las cosas no salieron como habíamos planeado. No había dinero; emocional y espiritualmente, no teníamos el conocimiento para poder enfrentar esos desafíos. En ese camino aparecieron las inseguridades, las energías negativas por la desesperación en uno mismo y no saber por dónde comenzar. Quieres encontrar culpables, echando la culpa a otro. Y es así como mi matrimonio, para mí, ya no tenía solución, porque mi enfoque estaba en los problemas, más no en la solución. Así que te invito a leer…

Hoy en día, gracias a Dios, las mujeres en esta era estamos despertando a tomar conciencia. Durante mucho tiempo, las mujeres hemos sido silenciadas, subestimadas y limitadas. Pero hoy, estamos rompiendo esas cadenas. Estamos descubriendo nuestro valor, nuestra fuerza y nuestro potencial. Estamos despertando a una nueva realidad, una realidad donde nuestras voces son escuchadas, donde nuestras ideas son valoradas y donde nuestras oportunidades son infinitas.

9 frases que me cambiaron la vida siempre:

1. No viniste al mundo por razones laborales; estoy aquí para cumplir tu misión.
2. Si tu negocio o vida fracasa, no importa… ¿Creíste?
3. No tienes que ser grande para empezar, pero tienes que empezar para ser grande.
4. Las personas más exitosas no tienen una profesión o un negocio; tienen una misión.
5. Ya no estás en edad de quedarte con las ganas.
6. A veces querrás rendirte, pero quédate y verás la magia.
7. Tus creencias son tu superpoder o tu prisión.
8. No esperes vencer el miedo para salir de tu zona de confort. Al miedo nunca se le vence, pero aprendes a utilizarlo a tu favor y a ignorarlo. ¡Así que hazlo! Y si te da miedo, ¡hazlo con miedo!
9. Toma Acción imperfecta

CAPÍTULO 3

OBJETIVOS S.M.A.R.T.

Una meta es una promesa personal para tu YO futuro

Redefiniendo tus metas: cómo hacer de tu propósito una meta inteligente… y no morir en el intento

Yo tengo que admitirlo: toda mi vida siempre he pensado que ser feliz es un objetivo. Cada año comenzamos con las mejores intenciones y nos sentamos con una lista interminable de metas y promesas, como si por arte de magia todo fuera a cumplirse por simplemente escribirlo. Pero seamos honestos: ¿cuántas de esas metas realmente eran tuyas? ¿Cuántas estabas siguiendo porque pensabas que debías?

«No tienes que seguir ninguna expectativa que no resuene contigo».

No se trata solo de hacer planes por hacer ni de cumplir con metas que solo te agotan. Se trata de rediseñar lo que realmente importa. Es el momento de sentarte y preguntarte: ¿qué quiero en realidad para mi vida? ¿Qué quiero en realidad para mi negocio? Porque si vamos a dedicarle tiempo y energía a algo, que sea a algo que te llene de verdad, algo que te acerque más a esa versión auténtica de ti misma, que no es perfecta pero sí increíblemente poderosa.

Redefinir metas significa mirarte al espejo y decir: «Okay, ¿qué es lo que de verdad quiero lograr?», sin presiones externas, sin el ruido de lo que se supone que deberías hacer. Vamos a redefinir, ajustar y enfocar nuestras metas en lo que realmente te hace sentir viva, motivada y, por qué no, hasta emocionada.

Para eso, primero tienes que aprender a diferenciar si lo que tienes es un **deseo** o ya es una **meta**.

Muchas veces, cuando conversamos sobre nuestros objetivos, la mayoría de las veces pensamos que ser feliz es el objetivo: «Quiero mejorar mi relación», «Quiero bajar de peso», «Quiero ganar más dinero», «Quiero dejar de tener miedo». Eso es un deseo.

¿Cuántas veces te has propuesto una meta? «Ahora sí lo voy a lograr», «Este año sí lo logro», y antes de tres meses no has avanzado ni un poquito.

Es hora de dejar de lado esa lista interminable que parece escrita por alguien más y empezar a escribir una historia que de verdad quieras contar. Porque este libro es tuyo para escribir y descubrir cuál es la historia que quieres comenzar a contarte.

En este tema, quiero hablarte de mis mejores *tips* de cómo aprendí a crear objetivos inteligentes, personalmente y en pareja. Te recuerdo que mi misión a través de este libro es ayudarte a construir tu mejor versión de ti, desde adentro hacia afuera.

Aún en esta era, seguimos en esta tendencia de «metitis». ¿Cuál es tu meta? (Espiritual, económica, relación). Y tantas metas, y aún no logras ninguna. ¿Estás tan abrumada que no sabes por dónde empezar? ¿Te suena? Porque me pasó muchas veces.

«Cada ficha a su debido momento».

Hoy mi vida se mueve por metas. Esta herramienta va a hacer que todas tus otras metas conspiren para que, entre todas, se logren. Pero hay que saber hacerlo de una manera inteligente.

1. EL PRIMER PASO: REFLEXIONA SOBRE EL CAMINO QUE TE HA TRAÍDO HASTA AQUÍ

Tómate un momento para mirar hacia atrás y ver qué te ha traído hasta aquí. Porque, si lo piensas bien, lo que eres hoy es el resultado de todas las decisiones, experiencias y aprendizajes que has acumulado, tanto los buenos como los malos. Aquí no se trata de juzgar lo que pasó, sino de ver cómo puedes aprovechar todo lo que aprendiste hasta ahora.

- **No todo fue un cuento de hadas, pero aquí estás**: La vida no es una película de Disney donde todo sale perfecto y los problemas se resuelven en 90 minutos. Puede que el año pasado no haya sido como esperabas, o tal vez sí y lograste mucho más de lo que pensabas. Pero, ¿sabes qué? Sea como sea, has llegado hasta aquí, y eso por sí solo ya es un logro. Leer este libro también ya es un logro, porque con mi historia quiero inspirarte a que la vida no se trata solo de desear y soñar, sino de accionar.

- **Las pequeñas victorias también cuentan**: No todos son grandes logros y momentos épicos. También están esos pequeños pasos que diste, esos momentos que quizás no parecieron tan significativos en su momento, pero que hoy te han moldeado. La charla que tuviste con un amigo que te hizo cambiar de perspectiva, la primera conferencia o taller que tuviste, el día que dijiste «no» a algo que no te hacía bien, o incluso la vez que decidiste descansar en lugar de seguir corriendo como desesperada.

- **Los errores no te definen**: A ver, sé honesta contigo misma. ¿Cuántas veces te has quedado murmurando sobre esos errores que cometiste? Esos momentos en los que, mirando hacia atrás, desearías haber hecho algo diferente. Pero aquí va la verdad: tus errores no te definen. Lo que te define es cómo respondiste a ellos y cómo aprendiste. Así que, si hubo decisiones que no salieron como planeabas, respira profundo y déjalo ir. Porque no se trata de perfección; se trata de progreso.

Pregúntate:

1. ¿Qué errores cometí y qué lecciones saqué de ellos?
2. ¿Cómo puedo usar esas lecciones para hacer las cosas de manera diferente?
3. ¿Qué momentos difíciles me hicieron más fuerte?

- **Haz las paces con tu camino**: Todo lo que viviste hasta ahora —lo bueno, lo malo, lo que cambiarías y lo que repetirías una y otra vez— es lo que te ha traído hasta este momento. Y aunque algunas partes de ese camino fueron más difíciles de lo que esperabas, sigues aquí: más fuerte, más sabia y más auténtica. No se trata de hacer las paces con todo de golpe (porque, seamos realistas, eso lleva tiempo), pero sí de empezar a aceptar que todas esas experiencias te han moldeado de una manera u otra.

¿Sabes qué es lo mejor de todo? Que tu camino sigue, y ahora que estás mirando hacia atrás y reconociendo tus aprendizajes, estás más preparada para seguir avanzando hacia lo que de verdad quieres.

Ejercicios de poder

Contesta en tu diario o aquí:

Tómate unos minutos y haz este ejercicio. A veces, escribir ayuda a organizar mejor las ideas y hacer más tangible lo que sentimos. Busca un momento de calma, agarra un lápiz, papel y responde:

1. Escribe tres momentos del pasado que te hayan marcado (buenos o malos).
2. Anota las lecciones que sacaste de esos momentos.
3. Reflexiona: ¿cómo crees que esas lecciones pueden ayudarte?

Recuerda: No se trata de lo que hiciste mal o bien, sino de lo que aprendiste. Lo importante es cómo vas a usar esa sabiduría que te llevas en el bolsillo para caminar con más confianza hacia lo que viene.

Cada experiencia que viviste hasta ahora es parte de tu historia, y aunque algunas partes quizás te gustaría olvidar, todas son valiosas porque te enseñaron algo. Tu crecimiento no es lineal, y eso está bien. Todo lo que has aprendido te ha preparado, y lo mejor de todo es que ahora puedes usar esas herramientas para definir nuevas metas con más claridad y propósito.

NO hagas lo que los demás hacen,
¡haz lo que quisieran hacer, pero no
se atreven!

2. DESCUBRE LO QUE DE VERDAD IMPORTA PARA TI EN ESTE MOMENTO

La única cosa que puede cambiar tu vida para siempre es volverte una mujer decisiva. Ahora es momento de mirar al presente, porque sí, lo que te importaba hace un año puede no ser lo que te importa hoy, y eso está bien. Es más, es normal. No tienes que seguir persiguiendo sueños viejos solo por inercia ni arrastrar metas que ya no te mueven.

Este es el momento, al leer este libro, de hacer una pausa intencional y preguntarte: ¿qué quiero para mi vida en este momento? Olvídate de lo que debería ser, de las expectativas ajenas y de las metas que se supone que tienes que tener. Esto se trata de ti y de lo que te hace feliz, te inspira y te conecta, nada más y nada menos.

● ¿Qué te hace sentir realmente conectada?

En todos los capítulos encontrarás ejercicios de poder que son un apoyo para el entendimiento de todo lo que contaré en el libro. Vamos al grano. Piensa en esas personas o momentos que hacen que tu corazón lata más fuerte. Sí, estoy hablando de esas cosas que te sacan una sonrisa de oreja a oreja, que te hacen olvidar el tiempo y que te hacen sentir más tú misma. Porque, a fin de cuentas, eso es lo que realmente importa: lo que te conecta contigo misma y con tu esencia.

Preguntas de reflexión:

1. ¿Qué actividades te hacen sentir más viva?
2. ¿Qué personas te inspiran y te apoyan de verdad?
3. ¿Qué proyectos te llenan de energía y motivación?

Identificar esas cosas me ayudó a saber dónde poner mi energía, y sé que te ayudará, porque, seamos sinceras, el tiempo es valioso y no queremos gastarlo en cosas que no nos llenan, ¿verdad? La idea aquí es simplificar tu vida, quedándote con lo que importa de verdad y dejando de lado lo que no suma.

• Revisando tus prioridades actuales

La verdad es que nuestras prioridades no son estáticas; cambian con el tiempo, las experiencias y hasta con los estados de ánimo. Lo que hoy ocupa tu mente y tu corazón puede no ser lo mismo que hace un par de meses, y eso está completamente bien. No tienes que sentirte culpable por cambiar tu rumbo, por ajustar tus prioridades o incluso por abandonar algunas.

Recuerda esto: Redefinir tus metas también significa definir tus prioridades. Y si sientes que algo ya no te llena, déjalo ir sin culpa, porque para que las nuevas metas encuentren su lugar, primero hay que hacer espacio.

Ejercicio de poder: «Conexión con lo que importa»

Aquí quiero invitarte a hacer un ejercicio sencillo pero poderoso. Busca un lugar tranquilo, siéntate con tu agenda y escribe tres cosas que te importen de verdad en este momento de tu vida. No te preocupes por el orden ni por lo correcto; las respuestas son solo para ti.

1. **Escribe una actividad que te haga sentir plena**: Puede ser desde hacer ejercicio hasta pasar tiempo con alguien especial.
2. **Piensa en un valor que guíe tus decisiones**: Por ejemplo, honestidad, libertad, creatividad, etcétera.
3. **Anota una meta que te haga sentir emocionada**: No importa el tamaño; lo importante es que te motive a levantarte de la cama cada mañana.

El error de muchas personas es abarcar muchas cosas, y este ejercicio te ayudará a definir lo que realmente quieres, no lo que deberías querer. Y recuerda: esto no está escrito en piedra. Puedes ajustar estas prioridades cuantas veces sea necesario.

- Simplifica para conectar

Lo último que necesitas es una lista de metas que te agobia más de lo que te motiva. Así que, antes de poner cualquier cosa en tu lista, asegúrate de que realmente importa para ti. Menos es más. No se trata de tener mil cosas por hacer, sino de enfocarte en esas pocas cosas que te hacen sentir completa.

Así que pregúntate: ¿qué es lo que realmente es importante para mí? En el contexto de negocio, relación, pareja, familia, personal, etc.

Porque se trata de conectar con lo que de verdad te importa. Se trata de poner tu energía en lo que te llena, lo que te da paz y lo que te hace sentir más viva. Y recuerda: tus prioridades pueden cambiar a lo largo del año, y eso también está bien. El objetivo es que te sientas alineada con tus decisiones y que cada meta que definas te acerque un poco más a tu versión más auténtica.

3. CREA METAS QUE REFLEJEN TU VERSIÓN MÁS AUTÉNTICA

Crear metas se trata de que te representen a ti, a esa versión auténtica que, aunque no es perfecta, es completamente única y poderosa. Porque, seamos honestas, ¿cuántas veces te has puesto metas que en el fondo ni siquiera te emocionaban? ¿Cuántas veces has hecho planes para cumplir con lo que se esperaba de ti? Aquí va el recordatorio: es tu vida, son tus reglas.

Así que vamos a enfocarnos en metas que te hagan sentir bien contigo misma, metas que sean una extensión de lo que verdaderamente quieres y no una lista de tareas pendientes. Porque las metas que realmente resuenan contigo tienen más probabilidades de cumplirse. Así de sencillo.

● Las metas no son para impresionar, sino para evolucionar

Olvídate de esas metas que parecen más una competencia con las redes sociales que un deseo personal. Aquí no estamos para impresionar a nadie; estamos para evolucionar a nuestro ritmo. Eso significa poner en la lista solo lo que de verdad te importe y te inspire. La clave para crear metas auténticas es ser totalmente honesta contigo misma.

Ejercicio de poder:

1. ¿Esta meta refleja lo que de verdad quiero o lo que otros esperan de mí?

2. ¿Me emociona la idea de trabajar en esto, o solo me suena como una carga?

3. ¿Esta meta se acerca a la versión de mí que quiero ser?

El secreto está en ser lo suficientemente valiente como para dejar ir las metas que no te representan. Sí, incluso si eso significa dejar atrás algunos objetivos populares (adiós, perder 5 kilos sin razón aparente). Porque si no hay conexión con lo que realmente deseas, no habrá motivación real para alcanzarlo.

● Piensa en grande, pero también en realista

Querida lectora, está bien tener metas grandes y ambiciosas, esas que te hacen sentir mariposas en el estómago con solo pensarlas. Pero, ojo: una cosa es pensar en grande y otra muy distinta es crear una lista imposible de cumplir. Así que apunta alto, pero mantén un pie en la realidad. La idea es que estas metas sean desafiantes, pero no inalcanzables.

Por ejemplo, en mi caso, yo elegí mi meta de trabajar en mi relación en pareja y recuperar mi matrimonio. Me olvidé de todas las demás; las hice a un lado porque comencé a aplicar el método SMART.

Para que realmente sea una meta, tiene que cumplir con esas 5 letras:

S: Simple y específico

¿Estás claro en lo que quieres lograr? Solo ten en cuenta que, si tú puedes verte, esto es importante. Ya que, si no tienes nada detallado de tu objetivo específico, pues tampoco sabrás hacia dónde te diriges. Así mismo, existen muchas personas que alcanzan sus objetivos sin siquiera saber que lo hicieron conscientemente.

M: Medible y significativo para ti

Si puedes medir aquello de lo que hablas y si puedes expresarlo mediante números, entonces puedes pensar que sabes algo. Pero si no lo puedes medir, tu conocimiento será pobre e insatisfactorio. —William Thompson.

¿Qué es medible? **Relevante**. ¿Para qué quieres esforzarte en mejorar tu relación si realmente no te interesa? Si no te importa, tiene que ser importante para ti, para tu vida, para tu crecimiento personal. Lo mismo pasa con tu objetivo: este implica hacer un seguimiento de los avances. Y si tienes que calibrar tus estrategias, hazlo para que en el camino no te crees conflictos.

Tiene que tener un número. «Mejor», «más», «menos», «mucho» no sirven. Yo tengo que decir: ¿cuántas horas, días voy a dedicarme? Por ejemplo, a escribir 2 o 3 veces a la semana. Tienes que poder medir tu progreso.

«Yo quiero hacerlo, y no porque tengo que hacerlo. Quiero, decido, elijo, deseo».

Cuando yo estoy en un estado de poder, me puedo poner una meta ambiciosa y decir: «Pase lo que pase, voy a conseguirlo». Y me voy a comprometer profundamente a cumplir esta meta para mí y por mí, no para impresionar, no para impactar. Mientras escribía este capítulo, escuchaba un audio de Tony Robbins. No hay un día en el que no escuche sus videos y lea sus libros.

A: Alcanzable

Tiene que ser una meta alcanzable. Si quieres salir de las mil caídas… ¿Tiene solución esta relación? ¿Es factible? ¿Es algo que puedes lograr con los recursos que tienes?

Otro ejemplo: escribir mi libro. Tengo 3 meses para terminar de escribir mi libro, y cada día escribiré una hora los próximos 90 días. Tiene que costarte; nada es de la noche a la mañana. Tampoco existen fórmulas mágicas. Hay que actuar, pero no te vayas al extremo.

El universo nos regala una hoja en blanco para reescribir nuestra historia, pero aquí va la verdad: una hoja en blanco no sirve de nada si no sabemos qué queremos escribir en ella.

Hoy, mientras escribo estas letras, querido lector, estoy muy agradecido contigo porque, mientras este libro se escribe con SMART, al mismo tiempo tú me estás dando la energía. Y quiero contarte que, mientras derramo un par de lágrimas escribiendo este libro, gracias a ti, tú le estás dando vida a este libro con reservarlo en preventa. Parte de la estrategia fue que este libro sea alcanzable sin importar las circunstancias.

Te cuento que, cuando nació la idea de escribir *Mil caídas antes del éxito*, me hice esta pregunta: ¿cómo puedo alcanzar esta meta? ¿Cómo puedo vender mis primeros 100 libros? Hoy estoy cumpliendo este sueño gracias a ti. Estoy escribiendo estas letras por ti.

Porque quiero inspirarte. «Nunca vendí un libro», «tengo miedo», «no sé vender» fueron mis primeras creencias que me repetí antes de lanzarme. Sin embargo, tus acciones harán la diferencia. Recuerda que la única forma de alcanzar tus objetivos es que te puedas ver, escuchar y sentir como si ya lo tuvieras ahora.

R: Realista

«Ten grandes sueños, pero no olvides que los objetivos realistas de corto plazo son la clave del éxito». —Mac Anderson.

Muchas veces confundimos lo que es realista con lo que muchas personas creen que pueden lograr. ¿Cuánto has escuchado en conversaciones de familia o de amigos la frase «sé realista, eso es imposible»? «En este país, los peruanos son así». La realidad es la realidad, y muchas veces las generalizaciones de la gente impactan en la vida de los demás para no permitirles tomar acción. Sin embargo, esto es comprensible por la falta de conocimiento. Durante años, yo mismo me limité creyendo que esa era mi realidad.

Existen dos opciones:

1. **La realidad de la sociedad (factor externo):** Recuerdo una conversación con un maestro de arte y oratoria. Le pregunté cómo le iba en sus proyectos, y siempre me respondía: «Bien, pero mal del bolsillo». ¿Cuántas veces has escuchado esta frase? Puedes tener todos los certificados que quieras, pero eso no define tu realidad. Tu realidad la creas tú mismo. Eres producto de tus decisiones o víctima de las circunstancias. Tu mente y tu corazón te piden a gritos información más clara para guiarte por el camino que deseas recorrer. La forma en que te comunicas es lo que atraes a tu vida.

2. **Tu realidad (factor interno):** Nadie puede definir tu realidad, solo tú mismo. Si hubiera pensado en el momento que mi matrimonio estaba en el valle de la muerte espiritual, que no tiene solución, simplemente hubiera elegido el camino rápido… no buscar ayuda.

T: Tiempo de inicio y fin

«Una meta sin un plan es solo un deseo». —Antoine de Saint-Exupéry.

Tienes que tener un límite de tiempo. Cuando ya tienes metas claras, ahora haz ingeniería en reversa y te preguntas: «Ok, ¿en 3 meses qué tienes que hacer?». La grandeza exige sacrificios.

Desarrollar y cumplir un objetivo, si hablamos en lo personal, somos jefes de nuestras ideas y metas. Si no tenemos una fecha para empezar a trabajar en nuestros objetivos, solemos hacer trampa. Por ejemplo: «mañana comienzo», «cuando cobre mi sueldo iniciaré», «cuando tenga tiempo», «cuando pase la pandemia empezaré». Nos sentimos tan seguros que, cuando llega el día, finalmente estamos tomando otras decisiones.

Hoy te digo: siempre es el mejor momento para iniciar a tomar acción hacia tus objetivos. Ponle fecha. Puede parecer una tarea sencilla y bastante obvia. Sin embargo, a muchas personas les es bastante difícil hacerlo por diversas razones: por ejemplo, el miedo a no alcanzarlo, miedo por inseguridad, por conflictos internos o de valores, por falta de conocimiento, por creencias limitantes. O algunos ponemos fechas y lo hacemos en base a carencia o inseguridad.

No intentes lograr diez metas al mismo tiempo; persigue la más grande, la más importante, y como consecuencia de esta, las demás sucederán. Eso es tu propósito.

Sí, ya sé que esto de las metas suena, quizás, demasiado corporativo. Pero créeme, funciona, y la razón es sencilla: te permite visualizar un camino claro con pasos concretos, lo que facilita el avance y evita la frustración. Así que piensa en grande, pero también de manera práctica.

Organízate para no sentirte abrumada con tantas metas y para que sepas cuál es tu verdadera meta en la vida. Es tu meta, es tu vida. Hazlo en digital o en papel, porque siempre estamos calibrando estrategias. La idea es que no pierdas el enfoque en tu única meta y, posiblemente, la logres antes de esos doce meses si te concentras en que cada área de tu vida esté alineada. No todo te dejará dinero, pero todo suma.

Esta es una de las estrategias que más me ha ayudado a cumplir mis metas y a enfocarme. Y si además le sumas tu *vision board* para visualizarla, sentirla y hacerla real, notarás que ya existe en un plano invisible y que solo estás atrayéndola con tu energía, actuando y tomando decisiones para lograrlo. Se trata de que diseñes tu vida, porque es alcanzable, porque es medible… Esta herramienta hará que todas tus otras metas conspiren entre sí para lograrse.

Creando mi realidad: mapa de sueños

«Si no pasa por tu mente, nunca pasará por tu vida».

Esta fue mi cartulina de sueños para guiarte en este proceso. En ella puedes plasmar tu sueño, pero para que se materialice, debes estar dispuesta a invertir en tu mente; es decir, leer, investigar, desarrollarte y crear habilidades. Si no estás dispuesto a invertir en tu crecimiento y tomar acción, difícilmente lograrás el cambio.

Conocer esta herramienta cambió mi forma de pensar y de ver el mundo en relación con el logro de objetivos reales.

Las metas pueden ser flexibles, no rígidas. No están escritas en piedra. Si en el camino descubres que algo ya no te representa, deja de importarte o simplemente pierde sentido, suéltalo. Lo importante es que siempre te sientas alineada con lo que buscas, no atrapada en una lista que ya no resuena contigo.

Recuerda: las metas son una guía, no una prisión. Si en el camino necesitas ajustar algo, hazlo sin remordimientos. Tu bienestar y tu autenticidad siempre están por encima de cualquier objetivo.

EJERCICIO DE PODER

«Crea una meta auténtica»

En este ejercicio te invito a hacer algo muy sencillo para que aprendas a aterrizar este concepto. Tómate un momento para conectar contigo mismo y piensa en una meta que realmente refleje tu esencia. Asegúrate de que sea algo que te emocione de verdad y sientas que vale la pena trabajar por ello.

1. **Piensa en un área de tu vida que te gustaría mejorar.** Por ejemplo, tu bienestar emocional, tu desarrollo personal o incluso un *hobby* que siempre has querido explorar.
2. **Define la meta con tus propias palabras.** No tiene que sonar perfecta, solo tiene que sonar a ti.
3. **Visualiza y resuélvelo.** Cierra los ojos e imagina cómo te sentirías al lograr esa meta. Si hay una sonrisa en tu rostro, entonces esa es la meta correcta.

«Mis metas, mis reglas. Todo lo que deseo comienza hoy».

Nota: Con esto no digo que esta sea la única ni la mejor herramienta. Hay muchas estrategias para alcanzar tus objetivos, pero no puedes saberlo todo al mismo tiempo. Es un proceso que se va construyendo en el camino, como en una maratón: cada kilómetro recorrido es un logro.

Así me enamoré de esta poderosa herramienta: los objetivos SMART. Me obsesioné con aplicarlos en mi vida personal y profesional, y este es el resultado que quiero compartir contigo. Las personas que no conocen esta herramienta, al final del día, siguen frustradas. Lo más valioso es que hoy tienes la oportunidad de descubrirla a través de este libro y aprender cómo aplicarla en tus proyectos o en tu vida personal.

Sé que esta herramienta es nueva para ti, como también lo fue para mí en su momento. Durante años no supe definir con claridad lo que realmente quería en mi vida. Muchas de mis decisiones no eran importantes ni significativas para mí; siempre traté de llenar vacíos o dar más a los demás que a mí mismo. Por eso, compartir este conocimiento es tan importante para mí. Al mirar atrás, me doy cuenta de cuánto he avanzado. Y de qué sirve seguir lamentándose por el pasado cuando lo que realmente importa es aprender a ver el bosque completo y abrir la mente.

Sé que suena bonito en teoría, pero debemos hacer que forme parte de nuestros hábitos. Practicarlo, disfrutar nuestros objetivos a diario y vivir en plenitud.

En cada nuevo proyecto de nuestra vida siempre vamos a ser principiantes. Yo lo llamo *volver a nacer*, porque todo es nuevo. Todos sentimos miedo; quien diga lo contrario, miente. Si te das cuenta, el objetivo de mi libro sigue esta misma filosofía: es específico y significativo para mí. Disfruté escribirlo, disfruté cada página porque era un objetivo alcanzable después de mucho meditarlo y visualizarlo. Lo imaginé en mis manos antes de que existiera.

Es realista, claro que sí. Fui responsable con cada decisión desde el inicio, pasando por la preventa hasta su culminación. Puse una fecha de inicio y una fecha de cierre.

Las tres preguntas del primer capítulo te darán más claridad sobre lo que quieres y cómo aplicarlo en tus objetivos SMART.

Hoy, más que nunca, me siento en un *búmeran* entre la escuela *online* de mi hijo y mi propio entrenamiento. Acabo de vivir la experiencia del seminario digital de Tony Robbins… Todo es perfecto si te enfocas. Si dedicas los próximos 90 días a trabajar en ti, tu vida no volverá a ser la misma.

Estas son las últimas semanas cruciales para cerrar este libro y llegar a ti. Mientras escribo, el mundo digital sigue en movimiento.

Recuerda: el 80 % del tiempo que dediques a tu proyecto debe estar enfocado en crear relaciones y conectar con personas, es decir, en buscar posibles clientes. Además, es clave que inviertas en tu desarrollo personal y profesional a través de la lectura de libros, audios, entrenamientos, etc.

Llorando y haciendo. Ahora, piensa:

- ¿Cuál es tu visión?
- Después de toda esta crisis mundial, ¿en qué persona te convertirás en cinco años?
- ¿Qué dirá la gente de ti?
- ¿Cómo te describirán los demás?
- ¿Cómo te sientes?

Tus respuestas a estas preguntas deben motivarte a levantarte de la cama cada día y hacer lo que sabes que tienes que hacer, con constancia y coraje.

ESCRIBE TU OBJETIVO
Metas que te gustaría lograr

1. **FAMILIA**
   o   ¿Es significativo para ti?
   o   ¿Es ecológico?
   o   ¿Cuándo inicias? ¿Cuándo terminas?

2. **PROFESIÓN**
   o   ¿Es significativo para ti?
   o   ¿Es ecológico?
   o   ¿Cuándo inicias? ¿Cuándo terminas?

3. **FÍSICO Y SALUD**
   o   ¿Es significativo para ti?
   o   ¿Es ecológico?
   o   ¿Cuándo inicias? ¿Cuándo terminas?

4. **CRECIMIENTO PERSONAL**
   - o   ¿Es significativo para ti?
   - o   ¿Es ecológico?
   - o   ¿Cuándo inicias? ¿Cuándo terminas?

5. **ESPIRITUAL**
   - o   ¿Es significativo para ti?
   - o   ¿Es ecológico?
   - o   ¿Cuándo inicias? ¿Cuándo terminas?

6. **ECONÓMICO**
   - o   ¿Es significativo para ti?
   - o   ¿Es ecológico?
   - o   ¿Cuándo inicias? ¿Cuándo terminas?

Como puedes ver en la imagen, está dividida en categorías y en tiempo: familia, profesión, salud, crecimiento personal, espiritualidad y economía.

Además, puedes establecer plazos de **3 meses, 6 meses o 1 año** para cada objetivo.

mis metas

		1 año	6 meses	3 mese
FAMILIA	MEJORAR MI RELACIÓN	MEJORAR MI RELACIÓN CON MI PAREJA. FORTALECER LAZOS FAMILIARES. COMPARTIR FINES DE SEMANA.		
PROFESIÓN	CREAR MI NEGOCIO EN 3 MESES	GENERAR MIS PRIMEROS 100 LIBROS VENDIDOS 20 DOLARES C/U EN 90 DIAS.	VOY A VENDER $$$ AL MES	PLANIFICAR QUE EL LIBRO SE PAGUE AL FINAL DE LA IMPRESIÓN. E REINVERTIR PARA EL LIBRO QUE PRODUCA CON MI PRIMER PROGRAMA DE $1000
SALUD	HACER EJERCICIO 3 VECES POR SEMANA COMER SANO			
CRECIMIENTO PERSONAL	LEER TODOS LOS DIAS 1 PAG. AUMENTAR MI CONOCIMIENTO EN MI NEGOCIO..			
ESPIRITUALIDAD	MEDITAR/ PRACTICAR LA GRATITUD	MEDITAR 25 MINUTOS DIARIOS PARA REDUCIR MI ANSIEDAD POR GASTAR	MEDITAR 20 MINUTOS DIARIOS PARA REDUCIR MI ANSIEDAD POR GASTAR	MEDITAR 10 MINUTOS DIARIOS PARA REDUCIR MI ANSIEDAD POR COMPRAR
ECONOMÍA	AHORRAR 10 SOLES			

JERARQUÍA DE VALORES

«Aquella persona que entiende que sus valores son los que rigen su vida tendrá control total de sus resultados».
— Adriana James

La importancia de los valores en todo proceso de cambio

Hoy tomo como ejemplo el libro *Poder sin límites* de Tony Robbins, pero desde mi entendimiento y acciones. Él dice que todo sistema completo, ya sea una máquina, una herramienta, un ordenador o un ser humano, debe ser congruente: sus distintas piezas han de colaborar con un mismo fin, cada acción debe apoyar a las demás para que todo funcione. Si las piezas de una máquina quisieran funcionar simultáneamente en dos sentidos distintos, se perdería la sincronización y la máquina acabaría rompiéndose.

¿No es eso lo que nos sucede?

La incongruencia es un conflicto de valores. Hablamos más de lo que hacemos. Son dos valores en discusión: *¿lo hago o no lo hago?, ¿pienso que no debo hacerlo o siento que no debo hacerlo?* Las indecisiones que nos impiden alcanzar nuestros objetivos son, en realidad, conflictos de valores.

Nadie escapa de ello. Por eso, es fundamental trabajar en nuestros valores. Imagina a una persona a la que le gusta la aventura, pero también valora la seguridad. La aventura y la seguridad no son valores que se comuniquen bien entre sí, lo que puede limitar su avance.

Si le preguntas a alguien: *«¿Qué es lo que realmente te impide tener éxito?»*, casi siempre la respuesta estará relacionada con problemas de valores.

Cómo funcionan los valores

Literalmente, puedes cambiar cualquier estado, comportamiento o resultado que no te guste. Al modificar tu jerarquía de valores, automáticamente cambia tu forma de pensar: tus creencias, tu comportamiento y tus emociones se alinean con tu objetivo, lo que te permite avanzar más rápido.

Los conflictos no existen. Las dudas no existen. Lo que existe es convicción y motivación hacia tu propósito. Por eso, los valores son un tema apasionante: determinan en gran medida nuestro destino. Cuando trabajo valores con mis clientes, dedicamos más de una hora a explorarlos.

Tenlo en cuenta: si cambias tus valores, muchos de los conflictos del pasado desaparecen. Los problemas, los pensamientos y las creencias limitantes del pasado también se disipan.

Así que vamos a explorar. No tomes este tema a la ligera.

¿Qué son los valores?

Conocer una definición clara de los valores me impulsó a enfocarme y empoderar a las personas para que trabajen desde su propósito. También fue una llamada de atención en mi propia vida, porque comprendí que, en muchos momentos, mis pasos no estuvieron guiados por mis valores, sino por la necesidad de querer ser alguien.

Los valores son creencias personales e individuales sobre lo que consideramos importante. Son nuestra percepción de lo bueno y lo malo.

Tomamos decisiones con base en ellos.

Querido lector, si te preguntara: *«Si estás soltero/a, ¿cómo sería tu pareja ideal?»*, seguramente la describirías en función de tus valores.

Si buscas postularte a un trabajo o crecer en una empresa y te pregunto: *«¿Qué características debería tener ese trabajo ideal?»*, probablemente responderías en función de tus valores.

Así que todas las decisiones que tomamos en el día a día están basadas en nuestros valores.

SER, HACER Y TENER

En 2018, después de asistir a varias conferencias sobre educación financiera, sentía que algo seguía faltando en mi vida. Fue entonces cuando comprendí que debía existir un equilibrio entre la parte financiera y la emocional. Ese camino me llevó a descubrir la Programación Neurolingüística (PNL), el lenguaje de la mente para lograr de manera consistente nuestros resultados específicos y deseados.

Tomé la decisión de inscribirme en un programa de formación. Al llegar, me encontré rodeado de 40 empresarios de distintos sectores: algunos querían duplicar sus ingresos, otros buscaban expandir sus servicios como terapeutas, psicólogos o coaches. Yo, en cambio, solo quería mejorar mi relación, salir de deudas y encontrar mayor claridad en mi vida.

Después de nueve días de entrenamiento intensivo, quedé impactado por todas las herramientas que había aprendido: hipnosis, *Time Line Therapy*, el *metamodelo* de Milton Erickson, la creación de *rapport*, los anclajes, las submodalidades, entre otras.

Pero lo que realmente me marcó fue el último tema: **la jerarquía de valores**.

De toda la teoría vista en esos nueve días, lo que más me impactó fue un ejercicio en el que el *trainer* trabajó con un empresario del sector textil que buscaba duplicar sus ingresos. Durante la dinámica, el entrenador le enseñó cómo definir los cinco valores más importantes para su negocio. En ese momento, comprendí que los valores son la base sobre la que decidimos cómo queremos sentirnos con respecto a nuestras acciones.

El entrenador nos explicó que todos tenemos valores, ya sea como individuos, empresas, gobiernos, matrimonios, sociedades o incluso grupos de amigos. La idea de que algunas personas tienen valores y otras no es una construcción psicológica utilizada en marketing y campañas políticas. Constantemente escuchamos sobre «los valores correctos», pero en realidad, los valores no funcionan de esa manera.

Fue entonces cuando entendí que los valores no son simplemente lo que nos gusta, sino aquello que consideramos verdaderamente importante, y que además tienen un orden de prioridad en nuestras vidas.

Al finalizar el entrenamiento, me di cuenta de que todas las herramientas que había aprendido —coaching avanzado, terapia y PNL— habían sumado en mi vida. Sin embargo, comprendí que la base de todas nuestras decisiones son nuestros valores.

Por eso, cuando al salir me preguntaron en qué me iba a enfocar después de esa experiencia, respondí sin dudar: **jerarquía de valores**.

«El verdadero arte de la vida es saber con claridad cuáles son tus valores, cuál es tu identidad esencial y actuar en consecuencia».

JERARQUIA DE VALORES 2018

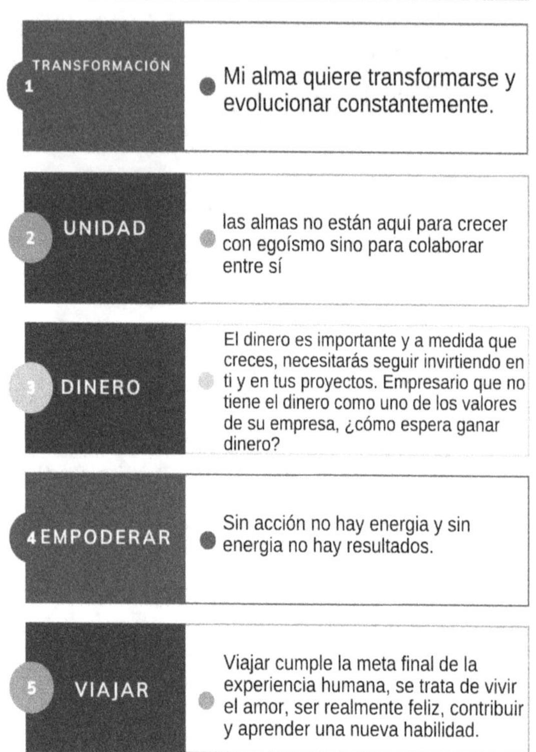

Trabajar en mis cinco valores más importantes, después de haber conocido esta herramienta, fue el punto de partida para tomar las riendas de mi vida personal: en mi matrimonio, en pareja, como madre y como emprendedora. Los valores no son lineales, cada año uno tiene actualizarlos. Depende de la visión de cada uno. Desde entonces, me he movido en lo personal y profesional con base en los valores.

A menudo, cuando hablamos de valores, generalizamos o simplemente buscamos alcanzar objetivos basados en la necesidad o el dolor, sin darnos cuenta de que esto puede acercarnos o alejarnos de lo que realmente queremos. Como dice la frase: *«Una cosa es hablar y otra muy distinta es hablar en base a lo que eres»*.

Trabajar en mis cinco valores más importantes en 2020 me llevó a construir un emprendimiento desde cero en el mundo digital.

Ahora te invito a descubrir cuáles son los valores que te mueven y te impulsan. Por ejemplo, personalmente no me gustan las finanzas, pero las considero fundamentales porque necesito aprender a administrar mi propio dinero. Otro de mis valores es pasar los domingos con mi familia; lo hago porque es importante para mí.

Primer paso: Definir tus valores

Pregúntate: *¿Qué es lo más importante para mí en el contexto de _________ (carrera, vida, relación, etc.)?*

1.
2.
3.
4.
5.
6.
7.
8.
9.
10.

Segundo paso: Jerarquizar tus valores

Ordena tus valores del más importante al menos importante según el contexto que hayas elegido. Esto te permitirá tomar decisiones alineadas con lo que realmente valoras y construir un camino con mayor claridad y propósito.

CAPÍTULO
4

«La educación financiera es más importante que el dinero, porque el dinero no es nada sin una mentalidad financiera correcta». —Robert Kiyosaki.

oy estamos en la mejor era para hacer dinero con la mente. Las ideas son el dinero del siglo XXI, como dice Juan Diego Gómez. Después de leer un poco la biografía de Albert Einstein, quien no aprendió a hablar hasta los 3 años, me di cuenta de que soy una genia en muchas cosas.

Primera historia:

En la escuela primaria, las matemáticas y yo no nos llevábamos bien. El *bullying* de mi profesora me dejó una huella profunda, pero hoy entiendo que el dinero no es solo matemáticas, es conciencia.

Recuerdo perfectamente esos días en la escuela primaria cuando las matemáticas se convirtieron en mi peor pesadilla. Cada vez que tenía que hacer sumas, restas o ecuaciones, sentía que me faltaba el aire. Mi profesora, que nunca entendió mi dificultad, me hizo sentir menos por no ser "buena con los números". Las burlas de mis compañeros solo aumentaron mi inseguridad.

Durante años, cada vez que escuchaba sobre dinero o finanzas, ese miedo regresaba. No podía comprender por qué los números eran tan importantes o por qué me deberían interesar. Simplemente no era mi tema.

Años después, tras leer *Padre rico, padre pobre*, entendí que el dinero no es el problema, sino que la falta de educación financiera nos mantiene atrapados. Ese libro fue mi luz verde para cambiar de mentalidad.

Pero la verdadera transformación ocurrió cuando un amigo me invitó a una conferencia donde escuché por primera vez cómo salir de las deudas. Fue como una nueva oportunidad de vida. Sin embargo, el enfoque de la conferencia era más externo. Tres años más tarde, conocí *Finanzas desde tu esencia*, donde llegué a la conclusión de que la educación financiera es importante, pero la educación financiera desde tu esencia hace un equilibrio para no crear negocios solo por dinero, sino por propósito.

Lo que aprendí en ese momento cambió todo: el dinero es energía, y nuestra relación con él afecta nuestra energía personal y nuestras decisiones diarias. Todo lo que haces, incluso tus finanzas, se refleja en tu vida interior.

Si no manejas tu dinero con sabiduría, es como dejar que tu energía se derrame sin control. Hoy te pregunto: ¿Cómo estás manejando tu energía financiera?

Segunda historia:

Déjame que te cuente una experiencia personal. Deseo que este espacio sea muy especial, un aprendizaje para mi vida que me llevó a valorar y cuidar mi energía.

En mi juventud, crecí en un entorno donde, para llegar al éxito, tienes que pisar a otros con tal de lograr tus objetivos. Era un enjambre: ¿quién es mejor? ¿Quién tiene más? Y la sociedad te hace creer que si no tienes, no eres parte del círculo. Siempre recibía elogios de que soy una chica muy buena, pero no tenía dinero y, por ende, las miradas cambiaban. No importaba el maquillaje o la cartera de bajo costo.

Salía de un evento, de un desfile, donde veo llegar a un grupo de chicas, altas, esbeltas, en sus propios carros. Yo solo me sentía una más de todas las mujeres del mundo. Pero conecté con una chica donde realmente nos hicimos una amistad corta. Conocer su entorno, su mundo, era lo que a mí me hubiera gustado tener. Era la única hija mujer, donde papá faltaba nada más que le bajara el cielo. En resumen, lo tenía todo. Eso parecía.

Y yo realmente sentía envidia verla que nada le faltara, mientras yo solo me quejaba de mi vida, que no llegaba a fin de mes por falta de dinero, y eso a veces ni para pasaje. Dos historias distintas, donde un día me enteré de algo que me marcó. Fue cuando se enfermó y estuvo internada más de dos semanas. Y fue donde me di ese tiempo de viajar una hora para visitarla en una clínica privada. Recuerdo entrar a la clínica con un ramo de rosas. Fue donde ella me dejó esta lección en mi vida: que no se trata de cosas materiales. Sus padres, a pesar de darle todo, ella no tiene lo que yo tengo: **salud**. Me dijo así, con estas letras: «Tú tienes algo que yo no tengo, tienes salud. Lo mío no tiene cura».

Ella se convirtió en médica muy importante, hasta que su ciclo terminó. El año pasado, 2019, ella perdió la vida a los 32 años. Pero esa lección me llevó a cuidar más de mí, a no hacer las cosas solo por dinero, por necesidad, a no echar la culpa al dinero de mis problemas, que por no tener dinero no tengo oportunidades o no puedo salir adelante.

Sin embargo, hoy, con mucha más consciencia, he aprendido que las finanzas son un valor importante en nuestra vida. No son solo matemáticas, no son las cosas materiales, aunque sí es importante. Son una forma de entender cómo funciona el mundo, cómo gestionamos nuestras decisiones y cómo nuestra mentalidad influye en nuestra relación con el dinero.

«Deja de enfocarte en el dinero, encuentra una cosa y hazla mejor que el resto, y el dinero vendrá por añadidura».

Y aquí quiero compartirte 7 **relaciones importantes** que debes trabajar si no quieres crearte conflictos y usar a tu favor para crear abundancia y, sobre todo, merecimiento en todo lo que quieras desarrollar.

1. **Relación con el dinero**: El dinero es energía. Si lo recibimos de una manera triste o feliz, muchas veces venimos con creencias del pasado. ¿Merezco que el dinero fluya en mi vida?
2. **Qué son las ventas**: Vender es servir, es transformar vidas.
3. **Invertir sin escasez**: ¿Cuál va a ser la relación cuando inviertes en ti, en tus sueños, en una mentoría? Cuando tú inviertes, estás abriendo un canal energético al universo. Visualiza, cree, confía, actúa y agradece.

4. **Soltar resultados**: A veces nos cuesta soltar resultados. Mejor hecho que perfecto. Muchas veces nos autocriticamos porque no nos salen las cosas como queremos. Disfruta el proceso. Busca tu propia estrategia (haz ejercicio, camina en la playa, baila, medita, etc.). No dependas de querer hacer las cosas rápido.

5. **Respetar mi proceso de inicio**: Dale prioridad a lo que es prioridad para ti.

6. **Conectar con tu abundancia**: Hay muchas creencias sobre la abundancia, porque no nacimos o crecimos con esa palabra como un valor importante. Y pensamos que la abundancia es solo para quienes tienen riqueza. A veces mezclamos el tema de las cosas materiales, pero la abundancia viene de adentro hacia afuera.

7. **Conectar con tu mensaje**: Sé congruente, honesta contigo misma cuando vas a comunicar tu mensaje.

El antídoto

1. El dinero = Energía.
2. Ventas = Vidas transformadas, ayudar, servir.
3. Vulnerabilidad = La gente no busca; al coach, al psicologo busca conectar con el ser humano.
4. Soltar resultados = Mejor hecho que perfecto.
5. Sentir = Que sea significativo para ti.
6. Conectar con tu abundancia = ¿Cómo te ves? ¿Cómo te escuchas? ¿Cómo te sientes?
7. Honestidad absoluta = Contigo misma.

Ejercicio: Reconocer creencias y transformarlas en positivo

Escribe qué piensas realmente de tu relación con…

1. **Dinero:**

2. **Ventas:**

3. **Merecimiento:**

4. **Abundancia:**

5. **Soltar resultados:**

6. **Conectar con mi mensaje:**

7. **Ser vulnerable:**

Todo lo que viví en mi pasado me ha llevado a este momento, y me ha dado la capacidad de ver las finanzas desde una perspectiva más amplia y más sana. Hoy sé que todo es perfecto, y que cada paso, por difícil que haya sido, me ha enseñado a conectar con el dinero de una manera diferente: con confianza, conocimiento y conciencia, y sobre todo, el merecimiento.

> «Si quieres cambiar los frutos, tendrás que modificar primero las raíces».

Estrategias para desarrollar una mentalidad ganadora y alcanzar tus objetivos sin desistir

Quizás para muchos pueda sonar a cliché, pero yo siempre digo que todo suma, siempre y cuando lo lleves a la acción. Porque no existen milagros; los milagros los haces tú.

No solo son tus acciones, sino tus reacciones las que muestran quién eres.

Repite:
«Yo, ___________________________, ordeno a mi mente subconsciente que elimine de mi mente todas las creencias, conceptos, pensamientos, imágenes y todo lo que me ha alimentado hasta ahora en mi crecimiento moral, financiero y capital. Es mi derecho ser abundante. Estoy aquí para disfrutar mi vida abundante y plena, para ser feliz y libre.

Por lo tanto, debo tener todo el dinero necesario para lograrlo. No hay dignidad en la pobreza; la pobreza es una enfermedad mental que debe ser eliminada de la faz de la tierra.

Estoy aquí para progresar en lo espiritual, mental y material.

Yo destierro la carencia de mi vida. Me declaro una persona próspera.

Yo me conecto con la riqueza de Dios y decreto que siempre tendré dinero en abundancia.

A partir de ahora, el dinero llevará mi vida con facilidad. Todas mis necesidades estarán satisfechas, y siempre tendré un excedente divino para poder tener una vida opulenta.

Doy gracias por todo lo que soy y todo lo que tengo. Soy feliz porque siempre tengo lo que necesito en abundancia.

Gracias, Señor. Gracias, Dios, por bendecirme con tu prosperidad divina. Gracias por derramar sobre mí todas tus bendiciones.

Gracias, gracias, gracias.

Hecho está».

Creencia sobre el dinero

Mientras sigas creyendo que el dinero solo es para unos pocos privilegiados, estarás limitando tu potencial. La clave está en entender que las ideas, la creatividad y la innovación son la verdadera moneda del futuro.

Si tienes una idea brillante, tienes el poder de transformar tu vida y tu economía. El dinero no es un privilegio; es una herramienta que está disponible para quien decide usar su mente y su energía para crear valor.

Usar el dinero de forma consciente te permite crear, invertir y, sobre todo, ayudar a otros. No es el dinero lo que define a una persona, sino cómo decide usarlo.

¿Cómo sé que estoy teniendo conflictos internos con el dinero?

A continuación, te pongo ejemplos de creencias que pueden ser limitantes:

1. El dinero es solo para algunas personas, y yo no nací en un entorno rico.
2. Nunca seré rico porque no nací en una familia rica.
3. Solo los ricos saben cómo ganar dinero; yo no soy lo suficientemente inteligente.
4. No necesito aprender sobre dinero; solo tengo que trabajar duro.
5. Nunca tendré suficiente dinero para invertir; solo los ricos pueden hacerlo.

6. El dinero es la raíz de todos los males, y prefiero evitarlo.
7. Ganar dinero es difícil.
8. El dinero solo trae problemas.
9. El dinero no es importante.

10 afirmaciones de poder sobre el dinero

1. El dinero fluye hacia mí con facilidad y de manera constante.
2. Soy un imán para las oportunidades financieras y las recibo con gratitud.
3. Tengo el poder de crear la abundancia que deseo en mi vida.
4. Cada día me vuelvo más hábil en la gestión de mis finanzas.
5. El dinero me permite vivir la vida que deseo y ayudar a los demás.
6. Estoy en paz con el dinero y lo manejo con sabiduría y responsabilidad.
7. Mis ingresos están creciendo de manera constante y exponencial.
8. El dinero es una herramienta poderosa para crear el futuro que quiero.
9. Cada acción que tomo me acerca a mis metas financieras.
10. Agradezco todas las bendiciones financieras que recibo, y las comparto con generosidad.
11. El dinero está al alcance de todos, especialmente de aquellos que tienen ideas innovadoras y están dispuestos a trabajar por ellas.
12. El dinero es abundante y está disponible para todos, incluyendo a mí.

13. El dinero es una herramienta poderosa que puedo usar para hacer el bien en mi vida y en el mundo.
14. Mis pensamientos y creencias sobre el dinero crean mi realidad financiera.

Por otro lado, existen muchas más herramientas sobre qué es la educación financiera y el dinero. Sin embargo, para comprender el tema de la educación financiera, primero debes trabajar en tu mentalidad, cambiar el chip sobre los pensamientos que has estado teniendo hasta el día de hoy sobre el dinero.

Ahora, yo te invito, Antes de aprender sobre inversiones, ingresos pasivos o negocios, primero necesitas aprender sobre tu propia mentalidad financiera..

CAPÍTULO 5

EMPRENDE TU PROPÓSITO

En lo que hoy eres un novato, mañana serás un experto. No te desesperes, no te compares y disfruta tu proceso.

Quizás dejaste tus sueños porque iniciaste una nueva vida: eres madre, te casaste, terminaste una carrera y no la ejerces. Pero sabes, dentro de ti, que deseas hacer algo diferente. Quizás saliste embarazada o tuviste otra razón. Déjame decirte algo: yo también dejé sueños atrás y metas inconclusas por razones que no vale la pena mencionar. Sin embargo, si usas a tu favor todas las herramientas compartidas en este libro, jamás volverás a renunciar a una meta.

Primero, haz una lista de las cosas en las que eres buena, las habilidades que tienes, cuál es tu proyecto de trabajo, en qué negocio vas a emprender y qué te gustaría hacer.

Así que, si estás dispuesta a dibujar tu propio camino y a pagar el precio para encontrar esa razón de vivir, necesitas un plan. Aquí te comparto qué hacer para llevarlo a cabo.

¿Cuánto dinero quieres ganar en 90 días?

El conocimiento sin acción genera frustración. Para sentirte plena al cumplir lo que te propongas, debe haber una recompensa emocional y económica. De gratis no se vive. Así que debes tener en cuenta cuánto quieres ganar para hacerlo tangible.

La mente entiende números: escribe…

Haz que el mundo conozca que tienes algo para darle. Ya no es necesario que vayas golpeando puertas para que centros o instituciones te presten un micrófono y su audiencia para compartir tu mensaje, dependiendo de su respuesta para ponerte en acción.

La tecnología y el mundo actual te permiten decidir cuándo y a quién compartir tu mensaje. El micrófono está a tu disposición; solo tienes que empezar a usarlo.

Crea un blog, una página de Facebook, un sitio web, un canal de YouTube o un grupo. Elige tu plataforma favorita para empezar a compartir. No importa tanto cómo lo hagas; lo que realmente importa es el contenido, su calidad y el beneficio que aporta a tu comunidad.

Todo lo dicho anteriormente sería solo un pasatiempo si no logras monetizar esta pasión por ayudar a otros. ¿Cómo hacerlo? Conociendo muy bien cuál es el punto B al que tu cliente sueña llegar, cuál es su punto A actual y creando un programa o servicio que se convierta en el puente que lo lleve hasta su meta.

Recuerda: la gente no invierte en programas ni en títulos; invierte en resultados. Si tu servicio puede ofrecer exactamente lo que desean lograr, puedes tener un negocio exitoso ahora mismo.

Sé que se requiere valentía y—voy a decirlo— determinación para hacerlo. Sí… creo que eso es lo más importante: estar dispuesta a invertir en tu formación y tomar acción masiva e imperfecta para lograr lo que quieres.

Ahora sabes que puedes vivir diferente… ¿vas a hacerlo?

Mientras más te vean, más confiarán en ti. Más importante aún, confiarán en lo que haces constantemente. Sé responsable y trabaja con buena fe, porque si aplicas esta estrategia que compartiré, generarás grandes fuentes de ingresos. Y para eso no necesitas tecnologías avanzadas: comienza con un perfil de Facebook para dar a conocer tu mensaje.

Pero antes, te invito a crear las bases para tener claridad sobre tu nicho.

Empaqueta tu conocimiento

Crea una comunidad

«No empieces por algo grande, empieza por salir de donde estás».

Define tu misión: ¿a quién específicamente quieres ayudar?

Por ejemplo: *Ayudo a mujeres de 40 años a generar sus primeros 500 dólares.*

Ayudo a mujeres a conectar con su proposito y vivir sin limites..

Paso 1: Crea un programa que apoye tus sueños en vez de evadirlos

- Deja de esperar a creer en ti; decide creer en el poder de tu propósito.
- Decide que lo que tienes para entregar al mundo es grande.
- Define cuál es tu diferenciador y cómo se alinea con el estilo de vida que deseas antes de elegir tu modelo de negocio.
- Alinea tus cinco valores más importantes con tu emprendimiento.

Paso 2:

- Aprende a crear un movimiento alrededor de tu mensaje; no busques solo obtener seguidores.
- Define tus fortalezas y poténcialas; olvídate de tus debilidades.
- Céntrate en que tu comunidad se sienta entendida y escuchada. Aporta valor constantemente.
- Muestra tu personalidad y puntos de vista únicos: son tu capital más grande.
- Define la historia detrás de tu negocio: **¿por qué existe? ¿Qué mundo quieres crear?**

Paso 3:

- Crea el paradigma de que vender es un acto de amor: tanto para tu cliente como para tu conocimiento. Cobra lo que merece tu propósito.
- No necesitas tecnologías complicadas.

En base al autoconocimiento que deseas compartir, crea una marca personal con tu imagen y producto.

Y antes de hacer tu primer *Facebook Live*, si no sabes cómo, investiga en YouTube. Vuélvete una detective. Cuando realmente quieres hacer que las cosas pasen, dejas de esperar a que otros crean en ti y decides creer en el poder de tu mensaje.

Preguntas que me hice: Cómo convertir tu revolución personal en un servicio que impacte vidas

1. Si pudieras definir un solo problema que mi existencia soluciona y marca una diferencia en este momento, sería:
2. Me gustaría que el mundo sepa que yo soy la que ayuda a ___________ (qué cambio de mentalidad, hábitos, paradigma, punto de vista o resultados traes a la industria).
3. Mi cliente ideal es alguien que quiere:
4. Mi cliente ideal es alguien que necesita:
5. Mi cliente ideal es alguien que tiene como meta:
6. Quiero que en una conversación de amigas mi nombre sea mencionado como la experta que ayuda a _________________ lograr _________ y lo hace a través de _______________.
7. ¿Qué tipo o nivel de conversaciones quiero tener con mis clientes? ¿De una manera que encienda el alma y aporte en su vida?
8. ¿Qué herramientas tengo, qué recursos o aprendizajes en el camino cambiaron mi vida y sé que funcionarán?

9. ¿Qué experiencias de vida he tenido o qué transformación he creado a lo largo de mi vida que me encantaría ayudar a otros a que también la vivan?

10. ¿Qué me indigna de la industria actual o del paradigma convencional que está popularizado, pero yo sé que puede ser diferente, mejor y que hay otro camino?

11. Cuando mi cliente me encuentra, se está sintiendo ______________ y lo que está sucediendo en su vida es (define su desafío, frustración y cómo la experiencia).

12. ¿Cuál es el proceso por el que llevaría a mis clientes para ayudarlos a obtener el X resultado?

13. ¿Cuáles son los valores que mi mensaje representa y quiero activar en mi gente?

Desafía tus pensamientos de derrota

«Si en la siembra trabajaste duro, en la cosecha hazlo mucho más».

¿Te has preguntado alguna vez por qué te dices a ti mismo que no eres capaz? A menudo, nuestros pensamientos más limitantes son los que nos impiden alcanzar nuestro máximo potencial. Pero recuerda: tú tienes el poder de cambiar esos pensamientos.

Recomendación:
Dale prioridad a lo que es prioridad.

Tu familia siempre será tu familia, pero en el momento de querer ir por tus sueños, si sientes que no te apoyan, respeta sus decisiones y diles que los amas, pero pon un alto.

Yo inicié en el mundo del emprendimiento sin capital. No tenía un empleo, así que vendía turrones para invertir en mis entrenamientos.

Ahora, si tienes un empleo, no renuncies a él mientras comienzas tu emprendimiento. Sé estratégica. Lo viví en carne propia cuando mi esposo renunció a su trabajo sin tener idea del mundo de los negocios. Sin embargo, al final del túnel, como dicen, se ve la luz porque nunca te rendiste… por tu perseverancia.

Cambia de hábitos. Yo apliqué esta fórmula que me ayudó a ir a mi ritmo:

- 20 minutos de ejercicios.
- 20 minutos de meditación.
- 20 minutos de lectura.
- Agradece, ora…

El mejor ejemplo: aplicar objetivos SMART me ayudó a dar claridad y a crear hábitos con acciones realistas y significativas en cada proceso.

«Sigue a quien tenga la fruta en el árbol, no a quien hable de ella». «Por sus frutos los conoceréis». El 90 % de las cosas que hacemos tú y yo son el resultado de los hábitos que se formaron en el transcurso de nuestras vidas. Los hábitos que estés sembrando hoy determinarán los frutos que coseches mañana.

Al inicio de mi camino en el emprendimiento, leía y me esforzaba mucho para ganar hábitos, y cuando no los cumplía, me frustraba. Sin embargo, en un momento adquirí mucha información, así que colapsé. ¿Por qué? Porque seguía con los mismos resultados. En este camino, aprendí a simplificar, a ser flexible y a disfrutar el proceso.

No tienes que comerte libros para tener resultados; necesitas tomar acción y ordenar tus ideas.

La lectura es uno de los hábitos fundamentales para comenzar un cambio mental, y créeme, esto se verá reflejado en tu cuenta bancaria y en tu vida.

Veo a mucha gente agotando energía y obteniendo cero resultados. Para mejorar hábitos, no puedes hacer ejercicios todos los días si nunca lo has hecho. Tienes que ser congruente contigo misma. No puedes leer muchos libros si nunca lo has hecho; primero tiene que tener significado para ti y no hacerlo por caerle bien a la gente o quedar bien en el grupo. Te creas un conflicto interno.

Tu guía para una vida organizada
Para organizar tu plan de 90 días, tendrás que elaborar una agenda. Sé que todos tenemos 24 horas; sin embargo, si hablamos de actividades, necesitas aprender a minimizar los tiempos y hacerlos productivos.

Crea una parrilla de actividades en la semana y documenta tu proceso: que tenga conexión auténtica, valor, eduque a tu audiencia, cuente tu autoridad, dónde te educaste, cuál fue tu proceso, testimonios y resultados. Si no tienes resultados, tú eres el mejor ejemplo de testimonio cuando inicias.

¿Con qué herramientas cuentas? (Recursos internos)

- Creatividad
- Perseverancia
- Contactos
- Aprendizaje continuo
- Creer, confiar, actuar y agradecer

Por ejemplo:

- **Lunes:** Live.
- **Martes:** Cuenta tu proceso.
- **Miércoles:** Explica sobre tu servicio o producto.
- **Jueves:** Comparte tu historia desde ese lado vulnerable.
- **Viernes:** Crea preguntas de interacción.

El horario de tus actividades te dará claridad sobre las tareas que tienes que realizar, la hora y el día en que les dedicas tiempo. Si haces el 1 % cada día, irás acercándote a tu meta.

El haberme atrevido fue mi secreto: crear valor educando mediante redes sociales hasta que mi credibilidad se formó naturalmente con el tiempo. De la misma manera, puedes utilizar esta estrategia para convertir extraños en redes sociales que confíen en tu mensaje y vendas sin necesidad de vender, sino por la confianza que transmites.

Razones para lograrlo:

Es necesario que tengas claro por qué quieres alcanzar este proyecto, meta o sueño, para que no te pierdas en el camino.

Ejemplo de la vida real:

Yo: «Estar encerrado en cuatro paredes no es un motivo para no seguir adelante… por eso inventaron la palabra *reinventarse*».

Mientras escribo esto, mi vida se está transformando. Mi confianza creció para comunicar mi mensaje porque deseo terminar los próximos 90 días:

1. Quiero ser un ejemplo para mi hijo, que como madre uno debe enseñar con el ejemplo.
2. Quiero tener mi libro publicado y entregarlo.
3. Tener tranquilidad financiera.
4. Tener mi casa.
5. Viajar.

6. Pagar deudas.

7. Posicionarme como autoridad en el mundo digital.

8. Ayudar a mis padres.

9. Aportar financieramente a mi familia.

Pero primero debo tomar una decisión.

Debes hacer tres cambios para que logres:

1. **Hábitos:** Modificar hábitos de flojera, falta de disciplina, dejar de autosabotearte. Comencé a hacer ejercicios, bailar… pero todo está cerrado. No hay excusa cuando quieres hacer un cambio en tu vida.

2. **Finanzas:** No lograrás aumentar y avanzar sin antes invertir en ti. Desde el día en que conocí el emprendimiento y la educación financiera, hice sacrificios muy fuertes… hasta para invertir en crear un negocio digital. Si quieres ir de la mano de alguien, tienes que aprender a negociar y vender tu idea.

3. **Haz algo que aumente tu fe:** Ora. No es lo mismo rezar que orar. Aprendí a llegar a Dios cada mañana; le pedía que me diera la fortaleza para seguir y no desistir… El 80 % de mis sueños plasmados en esas imágenes pegadas en mi mapa de sueño se hicieron realidad.

Recuerda: la única meta que no se logra es la que no se vuelve a escribir.

No necesitas ser grande para comenzar, necesitas comenzar para ser grande.

Vivimos en pleno siglo XXI, y nada vale la pena si tú no eres feliz. Esto me lleva a una reflexión: desde el inicio de todas mis aventuras (y caídas), entendí que cada decisión que tomamos puede transformar nuestra vida. Cuando termine esta pandemia, recordaré siempre cómo logré cambiar la mía y qué decisiones tomé para hacer que las cosas pasaran, en lugar de esperar a que sucedieran.

Pero tú también puedes cambiar tu vida, como lo hice yo. Un día decidí ser la protagonista de mi propia película, y hoy el universo juega a mi favor. Esto sucede porque entendí que la única responsable de mis decisiones soy yo. No somos los únicos seres en este planeta. Si me hubiera quedado mirando al cielo entre lágrimas y enojo, culpando al mundo, hoy no estaría aquí contando mi historia. Pero decidí creer en algo… y ese algo lo creé yo. Creé a esta mujer que un día pensó que no podría, y hoy está aquí, compartiendo el camino que recorrió para llegar a sentirse plena.

Imagina cómo te ves de aquí a un año, cinco años… ¿Qué estás haciendo? Trabaja en ello desde hoy. Más que nunca, es nuestro momento para revelarnos contra todo lo que nos dicen que «no se puede». Busca ayuda para reprogramar tus bloqueos, aprende a abrazar tus miedos y libérate. Sé coherente con lo que quieres transmitir al mundo.

Conversando con mi esposo sobre la crisis que estamos viviendo y cómo aprendí a crear mi propia oportunidad para ayudar a otros, él me dijo una frase que me hizo reflexionar:
«Los ricos se vuelven más ricos y los pobres más pobres».

Le pregunté por qué. Su respuesta fue clara:

«Porque quieren. Yo también vengo de ahí».

Así que te pregunto: **¿de qué lado quieres estar?**

Si aprendemos a liderar nuestros sueños y nuestra vida, podremos elegir mejores representantes para nuestra nación, sentirnos más orgullosos de nuestras raíces y convertirnos en mejores padres, empresarios, amigos y socios. **Alinéate con las tres preguntas más importantes:**

1. **Crecimiento**
2. **Experiencia**
3. **Contribución**

Estas son las áreas que le dan dirección a nuestros objetivos. **Conoce tus valores y vive en tu máximo potencial.** Tienes los recursos dentro de ti para dar el impulso que necesitas. Si crees que te falta algo, aprende nuevas habilidades. Escribir mi libro fue una nueva habilidad que adquirí para compartir mis experiencias.

Y hay algo de lo que estoy segura: **tienes un mensaje que el mundo necesita escuchar.** Deja de esperar el momento perfecto para comenzar. **Empieza ahora.**

¡Es tu deber aprovechar y hacer algo grande con el potencial con el que fuiste bendecido. Deja de buscar excusas. **DECIDE** y luego encuentra la manera!

AGRADECIMIENTO

Quiero darte las gracias por estar aquí. El hecho de que hayas dedicado tu tiempo a invertir en tu crecimiento y desarrollo personal demuestra que eres una persona excepcional. Y este es el primer paso.

Quizás, al terminar este libro, muchas cosas resonarán en ti. Todas las caídas que has pasado en la vida no pueden borrarse, pero sí puedes decidir qué vida quieres vivir. Tienes dos opciones: seguir adelante o quedarte donde estás, lamentándote. Si eliges quedarte llorando y quejándote, ¿qué conseguirás? Pero si tomas esas lágrimas, aprendes de esas caídas y sigues adelante, **¿qué crees que lograrás?**

Si este libro te ha gustado y lo has encontrado útil, te agradecería mucho si dejas tu opinión en Amazon. **Me ayudarías a seguir escribiendo más libros.**

No importa quién seas, **solo estás a una decisión de cambiar tu vida.**

¡Gracias por tu apoyo y ser parte de este sueño, por confiar en mí y por permitirme acompañarte en tu despertar para llevar esa voz a la acción!

También mi eterno agradecimiento a mi editor y amigo, Carlos Caguana, por llevarme de la mano en cada página de este viaje.

Sigamos creciendo juntos.

Mil caídas antes del éxito
Grupo de Telegram

https://t.me/+VJJtncOmcBe9czwE
Escanea el código y únete a nuestra comunidad
y descubre más recursos, videos, consejos, tips y más
material adicional.

¡ESTÁS LISTA PARA MÁS!

www.ingramcontent.com/pod-product-compliance
Lightning Source LLC
La Vergne TN
LVHW041315200726
843509LV00009B/492